THOMAS KRAUSE

MÄNNERKOCHSCHULE

DRUM

– THOMAS KRAUSE –

MÄNNER KOCHSCHULE

südwest

IMPRESSUM

DRITTE AUFLAGE 2020

PROJEKTLEITUNG Eva Wagner
REDAKTION Ulrike Kraus
KORREKTORAT Barbara Kohl
BILDREDAKTION Tanja Zielezniak
FOTOGRAFIE Hubertus Schüler
FOTOASSISTENZ + BILDBEARBEITUNG Benedikt Koester
FOODSTYLING Stefan Mungenast
Ganz lieben Dank an Thomas Hoffmann, der einige der schönen Untergründe gemacht hat.
Danke auch an Janis Bakine für das Modeln mit seinen Tattoos.
AUTORENFOTO SEITE 173 Igor Koss

ART DIREKTION, LAYOUT & SATZ Tobias Wiebeck & Steffen Baumgartl (www.oh-ja.com)
UMSCHLAGGESTALTUNG zeichenpool, München
ILLUSTRATIONEN UMSCHLAG Shutterstock (Maly Designer, andrey oleynik); Istockphoto (nicoolay)
ILLUSTRATIONEN INNENTEIL Istockphoto (Andrii_Oliinyk, asmakar, denisko, Gomberg, Grafissimo, Ievgeniia Lytvynovych, ilbusca, KeithBishop, MattGrove, melazerg, iStock_nicoolay (24x), rudall30, sharpner, suricoma) Aleksei Oslopov), Shutterstock (makar, Margarita Tkachenko, Marina Grau)

LITHO Regg Media GmbH, München
DRUCK & VERARBEITUNG Mohn Media Mohndruck GmbH, Gütersloh
Printed in Germany

MIX
Papier aus verantwortungsvollen Quellen
FSC® C011124
FSC www.fsc.org

Verlagsgruppe Random House FSC® N001967
ISBN 978-3-517-09626-1

• INHALT •

— MÄNNERKOCHSCHULE —

KLEIN BEIGEBEN

Snacks & Vorspeisen

25

FLEISCHESLUST

Rind, Schwein & Co.

59

AUFGEFISCHT

Fisch & Meeresfrüchte

107

FELDJAEGER

Gemüse & Co.

129

AUF ZUCKER

Nachspeisen & Co.

155

KOCHEN

das Workout für den Mann

Die Zeiten, in denen die Küche das Hoheitsgebiet der Frauen war, gehören definitiv der Vergangenheit an. Dort, wo sie früher die Familie versorgten und wo kulinarische Traditionen und Familiengeheimnisse von einer weiblichen Generation zur nächsten weitergegeben wurden, findet eine emanzipatorische Trendwende statt: Die Küche wird – zumindest zum Wochenende hin – mehr und mehr von uns kochenden Männern bevölkert!
Gut, zugegeben, das Versorgen der Familie ist hier eher angenehmer Nebeneffekt, denn wir Männer sehen hierin weniger eine existenzielle Notwendigkeit. Vielmehr haben wir das Kochen zu unserem neuen Hobby auserkoren. Die Küche wird zum Schauplatz unseres kulinarischen Workouts. Anstelle von schweißtreibendem Sport gibt es am Wochenende Ambitioniertes auf den Teller.

Und wir Männer geben uns in der Küche nicht mit einem soliden Grundstock an Küchenausstattung zufrieden. Nein, der kulinarisch Interessierte und Ambitionierte rüstet auch im Hardwarebereich durchaus auf. Wir Herren der Schöpfung sind bis heute Jäger und Sammler, und deshalb sollen die praktischen Helfer nicht nur die Küchenarbeit erleichtern, sondern uns stets schmücken und mit ein wenig Besitzerstolz erfüllen.

Ein edles geschmiedetes Messer, eine schöne gusseiserne Pfanne, Tasmanischer Pfeffer, Himalaya-Salz ... Tranken wir früher zum Essen einen einfachen Landwein, so fachsimpeln wir heute so gerne über die Eichenholznote eines Rioja Gran Reserva. Und wo wir früher maximal eine Portion Spaghetti aglio e olio nach Packungsangabe auf den Teller bringen konnten, zaubern wir heute im Handumdrehen selbst gemachten Pastateig, als hätten wir in unserem Leben nie etwas anderes getan. Wenn wir kochen, dann kochen wir Männer um unserer selbst willen und – natürlich – für Ruhm und Ehre. Und wir tun das natürlich für einen einzigen guten Zweck, denn wahre Liebe geht durch den Magen.

Unsere Frauen machen wir nicht nur mit unseren Küchenzaubereien selbst glücklich: Statt aus Mangel an eigenen männlichen Ideen zum Geburtstag oder zu Weihnachten das x-te Duftwässerchen oder die soundsovielte Aktentasche geschenkt zu bekommen, sprudeln wir über vor sinnvollen Geschenkideen und es darf zum Beispiel ein Hightech-Stabmixer mit Akkufunktion sein.

Lesen Sie das Gesagte, wie ich es schreibe – mit einem Augenzwinkern. Ich hoffe, Ihnen und natürlich auch der Frau an Ihrer Seite mit diesem Kochbuch in erster Linie Freude zu bereiten und viele Rezeptideen sowie ein paar nützliche Tipps und Tricks zu verraten. Allen kochenden Männern wünsche ich auch weiterhin viel Spaß in der Küche!

Ihr Thomas Krause

DIE WAFFEN

– DIE WICHTIGSTEN KÜCHENUTENSILIEN –

In eine Männerküche gehören für mich zuallererst drei scharfe Messer – ein kleines fürs Gemüse, ein Sägemesser für Brot oder Gefrorenes und ein schönes Santoku, also ein japanisches Allzweckküchenmesser mit breiter Klinge, das zum Schneiden von Fleisch, Fisch und Gemüse gleichermaßen bestens geeignet ist.

Zum Braten brauchen wir in jedem Fall eine beschichtete und eine gusseiserne Pfanne – idealerweise von jeder Sorte ein kleines und ein großes Exemplar. Mit beschichteten Pfannen lassen wir auch fast ohne die Zugabe von Fett garantiert nichts anbrennen. Dagegen vertragen gusseiserne Modelle starke Hitze sehr gut. Und Fleisch entwickelt die schönsten Röstaromen, wenn man es in Butterschmalz in einer gusseisernen Pfanne schnell und scharf anbrät. Das ist ganz nach Männergeschmack.

Ein großer Topf, zwei mittlere Töpfe und ein kleiner Topf aus Edelstahl bilden die Grundausstattung, wenn wir Männer über Spaghetti aglio e olio hinaus sind. Hinzu kommt eine kleine Stielkasserolle fürs Sößchen.

Mit einem groben und einem feinen Sieb sowie einem Schaumlöffel sieben Sie wirklich alles, was in der Küche anfällt. Mit dem groben Sieb gießen Sie Nudeln ab oder lassen einen Salat abtropfen, das feine Sieb hilft Ihnen, Saucen und Suppen eine feine Konsistenz zu geben. Mit dem Schaumlöffel heben Sie blanchiertes Gemüse, Klöße und Co. aus dem Wasser, ohne den Kochsud wegzugießen.

Schneebesen, Kartoffelstampfer und/oder -presse, Kochlöffel, Suppenkelle, Sparschäler und Nudelholz traue ich mich hier kaum zu erwähnen – die dürfen wirklich in keiner Küche fehlen.

Elektrogeräte wie Stabmixer, Standmixer, Blitzhacker und Handrührgerät sind praktische Helfer, um Dinge schnell und ohne viel schweißtreibenden Kraftaufwand cremig, steif oder klein zu bekommen. Sie werden allerdings zum Teil entbehrlich, wenn man sich für den Kauf einer guten Küchenmaschine entscheidet.

Eine Küchenmaschine kann Ihnen und den oben genannten Klein-Elektrogeräten viel Arbeit abnehmen und für Sie fast alles schneiden, reiben, zerkleinern und rühren. Bevor Sie sich für den Kauf einer Küchenmaschine entscheiden, fragen Sie sich allerdings bitte zunächst selbst, ob es das High-End-Produkt sein muss oder ob nicht doch die Sparvariante reicht. Verlockend ist der Kauf eines Luxusmodells, das scheinbar ganz ohne Ihr Zutun auch das Kochen und Backen übernimmt. Nur werden Sie es wirklich nutzen? Achten Sie bei der Wahl des Modells in jedem Fall auch auf die Erweiterungsmöglichkeiten, die die verschiedenen Maschinen bieten. Denn wenn sich die Küchenmaschine zusammen mit Ihnen und Ihrem kulinarischen Talent weiterentwickeln kann, werden Sie in der Küche ein unschlagbares Dream-Team.

Der

SCHLACHTPLAN

DER EINKAUF

Starten Sie Ihre Kücheneinkäufe nie ohne Schlachtplan beziehungsweise Einkaufszettel, damit Sie sich später beim Einkaufen eben nicht verzetteln.

Lassen Sie Ihren Blick mindestens einmal im Monat durch Vorratsschrank und Tiefkühlfach schweifen, um verbrauchte Vorräte wieder aufzufüllen. Denn die Bevorratung von Convenience-Food wie Fertig-Teigwaren, passierten Tomaten, Hülsenfrüchten aus der Dose und Tiefkühlgemüse ist ja durchaus sinnvoll.

Viel wichtiger noch als das gerade Gesagte ist es allerdings, darauf zu achten, was und wo Sie einkaufen. Denn viel zu häufig kaufen wir wahllos und unbedacht ein, weil es wieder einmal schnell gehen muss. Wenn Sie können und wollen, wählen Sie Bio-Produkte. Sie sind zwar nicht unbedingt gesünder als andere Lebensmittel, aber unter besseren Bedingungen und nachhaltiger produziert.

Die Suche nach speziellen Produkten und Küchengeräten können Sie sich per Bestellung im Internet leichter machen. Es gibt viele gute Online-Händler, die sich auf den Verkauf beziehungsweise Versand besonderer Waren (Gewürze, Feinkost, internationale Lebensmittel oder Küchengeräte, aber auch qualitativ hochwertiges, entsprechend gekühltes Gourmetfleisch) spezialisiert haben. So gut wie alles ist heutzutage lieferbar. Allerdings geht eben auch jegliches unmittelbare Erlebnis verloren, wenn wir die Produkte wie Obst und Gemüse nicht selbst auswählen können.

Beim Kauf frischer Produkte, wie Obst und Gemüse, Fleisch und Fisch, sind Nachhaltigkeit, Regionalität und Saisonalität tatsächlich die Schlagwörter der Stunde. Und es lohnt sich wirklich, einmal zu schauen, wer in der Nähe welche Produkte anbietet. Vielleicht gibt es in Ihrer Nähe einen Bio-Bauern mit angeschlossenem Hofladen? Und der gute alte Gang über den Wochenmarkt, wo Sie genau das finden, was die Obst- und Gemüsesaison gerade tatsächlich zu bieten hat, ist kommunikativ und macht doch auch irgendwie Spaß, wenn es nicht gerade in Strömen regnet.
Viele Supermarktketten sind heute genossenschaftlich organisiert, das heißt, ihre einzelnen Filialen sind inhabergeführt. Auch hier finden Sie nicht selten sehr gute Produkte aus Ihrer Region.

Das alles heißt natürlich nicht, dass wir mit ständig schlechtem Gewissen durch die Geschäfte streifen sollen und uns für den Einkauf einen Tag Urlaub nehmen müssen. Einkaufen und auch Kochen sollen weiterhin in erster Linie Spaß machen. Und natürlich wollen und sollen wir alle auch weiterhin einen spanischen Schinken oder italienischen Käse genießen. Aber hier und da ist Klasse besser als Masse. Und wenn man erst einmal weiß, wo es die richtig guten Sachen gibt, ist der Weg dorthin auch schon gar nicht mehr so umständlich und weit – Sie werden sehen.

DIE FRISCHEMERKMALE

Erster Anhaltspunkt für die Frische von Produkten ist bei allen verpackten Artikeln natürlich das Mindesthaltbarkeitsdatum. Hier kann es lohnenswert sein, hin und wieder einen „langen Arm" zu machen und in die hinteren Reihen zu greifen.

Frisches Obst und Gemüse erkennen Sie an frischer, leuchtender Farbe und Festigkeit, die man mit einem vorsichtigen Drucktest prüfen kann. Beim Salat sollten die Blätter schön fest sein. Meiden Sie Ware mit Verletzungen oder braunen Stellen. Denn wenn sie nicht schon verdorben ist, wird sie viel schneller schlecht als unversehrte.

Fleisch sollte je nach Sorte rosig bis dunkelrot sein, glänzen und nicht trocken wirken. Im Idealfall schneidet der Metzger Ihres Vertrauens Fleisch und auch Wurst für Sie immer gerne ganz nach Ihren Wünschen frisch auf. Schließlich bezahlen Sie gutes Geld dafür! Bestehen Sie ruhig darauf, sich beim Fleisch ein Stück aus der Mitte herausschneiden zu lassen, und achten Sie darauf, möglichst keine Endstücke zu bekommen, wenn es nicht sein muss. Sind Sie nicht sicher, ob Ihr Fleisch oder Ihre Wurst aus dem Kühlschrank zu Hause noch frisch ist, können Sie dies mithilfe von Auge und Nase rasch feststellen. Haben Fleisch oder auch Wurst einen Grauschleier und riechen sie schon streng und unappetitlich, verzichten Sie lieber auf deren Verzehr.

Frischen Fisch erkennen Sie daran, dass er nach Meeresbrise riecht und ein wenig an den letzten Urlaub erinnert. Ganze Fische sollten klare Augen, rote Kiemen und festes Fleisch haben. Auch hier gilt: Trauen Sie sich beim Fischhändler oder an der Fischtheke ruhig, nach dem Lieferdatum des Fischs zu fragen – insbesondere, wenn Sie Fisch roh verarbeiten wollen. Ein guter Händler wird Ihnen im Zweifel auch einmal davon abraten, diesen oder jenen Fisch roh zu verzehren.

DIE VORBEREITUNG – HERANGEHENSWEISE

Jeder von uns kennt das: Zum Wunschgericht fehlen nur Kleinigkeiten – wir laufen also schnell in den Supermarkt, um sie rasch zu holen. Dort angekommen, möchte uns partout nicht mehr einfallen, welche die letzten beiden der zehn Dinge waren, die wir kaufen wollten. Zur Vermeidung von derlei wenig mannhaften Situationen hilft der gute alte Einkaufszettel – oft verflucht, noch öfter gesucht, aber eine der hilfreichsten Erfindungen, seit es das Kochen gibt. Überwinden Sie den inneren Schweinehund und nehmen Sie sich vor dem Einkauf zehn Minuten, Stift und Papier. Ganz Eilige schießen mit ihrem Smartphone einfach ein Foto der Zutatenliste(n). Derlei Einkaufshilfen machen den Rest des Tages schön entspannt und strukturiert, Sie werden sehen.

Das ausgewählte Rezept sollten Sie natürlich bereits gelesen haben, ehe Sie den Weg zum Einkaufen antreten. Auch vor dem Startschuss ist die komplette Lektüre noch einmal Pflicht. Denn gibt es etwas Ärgerlicheres, als während der Zubereitung festzustellen, dass das Fleisch die Nacht viel lieber in einer leckeren Marinade verbracht hätte, als in Frischhaltefolie eingewickelt trostlos im Kühlschrank zu liegen? Oder die Linsen im Topf anzuflehen, sie mögen doch bitte, bitte endlich weich werden, was sie klaglos getan hätten, wenn wir die kleinen Hülsenfrüchte vergangene Nacht eingeweicht hätten? Nein, solche Pannen vermeiden wir kochenden Männer natürlich.

Die Profis nennen es „Mise en Place", das Vorbereiten des Arbeitsplatzes in der Küche. Das „An-den-richtigen-Ort-Stellen" ist eine durchaus erwägenswerte Methode, um in der Küche während der Zubereitung für einen reibungslosen Ablauf zu sorgen. Wir weisen Köche stellen uns also vorab alle Zutaten, Gewürze und Küchenutensilien zusammen, die wir für die Zubereitung brauchen.

DIE LAGERUNG VON PRODUKTEN

Unser kleiner, aber solider Bestand an haltbaren Vorräten in der Kammer enthält Fertig-Teigwaren, Reis, Hülsenfrüchte, Konserven und Co. Aber auch Kartoffeln und Zwiebeln lagern hier dunkel, kühl und trocken. Wer Ordnung hält und nach Produktgruppen sortiert, sieht schnell, was spontan verwendet werden kann oder auch fehlt und nachgekauft werden muss.

Wenn Sie Vorräte auffüllen, achten Sie (wie in den Regalen der Supermärkte) darauf, die „älteren" Produkte mit bald endendem Haltbarkeitsdatum immer nach vorne zu stellen. Und schauen Sie alle sechs bis acht Wochen einfach mal in Ihre Schränke sowie in Kühl- und Tiefkühlfach, um die Vorräte nicht in Vergessenheit geraten zu lassen und um aus ihnen ein leckeres Gericht zu kreieren.

Ihr Kühlschrank darf der sauberste Küchenort sein, denn hier lagern schnell und leicht verderbliche Lebensmittel. Seine Temperatur sollte zwischen 2 und 10 °C liegen, wobei es im unteren Bereich kälter ist als in den oberen Fächern. Wurst, Fleisch und Fisch fühlen sich in den kältesten Zonen am wohlsten, im mittleren Bereich lagern Sie Milchprodukte. Käse und Reste vom Vortag finden im oberen Bereich ihren Platz. Obst und Gemüse haben meist spezielle Fächer. Wer Keimen von Beginn an den Kampf ansagt, wäscht und trocknet sein Gemüse gründlich, bevor es in den Kühlschrank wandert. Ich selbst lege die Gemüseschublade zusätzlich mit einer Lage Küchenpapier aus.

Offene Lebensmittel verpacken Sie neu und bewahren sie luftdicht verschlossen auf – so bleibt alles hygienisch einwandfrei. Fleisch, das Sie erst am Folgetag zubereiten, sollten Sie aus der Verpackung nehmen, abtupfen und neu in Frischhaltefolie eingewickelt im Kühlschrank aufbewahren.

BŒUF

Die Pflicht

GARMETHODEN

Nach allen Vorbereitungen geht es nun zur Sache und in der Küche im wahrsten Sinne heiß her. Zur Kunst des Kochens gehört es nämlich, die verschiedenen Garmethoden theoretisch zu kennen und zu wissen, wie man sie praktisch richtig einsetzt. Die gesamte Klaviatur des Garens und seiner Varianten in Theorie und Praxis zu beherrschen, gibt uns Männern die Sicherheit und das gute Gefühl, das wir in der Küche brauchen. Hier unsere Garmethoden-Tonleiter der wichtigsten Zubereitungsarten:

BA WIE BACKEN:
Als Backen verstehen wir das Garen von Teiggerichten wie Brot, Pizza, Kuchen und Plätzchen in der heißen Luft des Backofens bei Temperaturen von meist 150 bis 250 °C.
Die Heißluft lockert den Teig, festigt ihn, bräunt seine Oberfläche und macht sie schön knusprig. Soufflés, Puddings und Aufläufe werden ebenso gebacken wie alles, was mit Teig bedeckt ist, also Pasteten, Pies oder Fleisch, Fisch und Gemüse im Teigmantel. Der Vorteil des Teigdeckels liegt darin, dass das darunter befindliche Gargut schön saftig bleibt und die Aromen sich nicht verflüchtigen können.

BLA WIE BLANCHIEREN:
Das Blanchieren ist eine Art Blitzkochen und eher als ein Vorbereitungsschritt zu sehen. Hierbei wird das Gargut in kochendem (Salz-) Wasser oder Dampf einige Sekunden oder Minuten angegart und anschließend sofort in eiskaltem Wasser abgeschreckt. Das Abschrecken unterbricht den Garprozess im Idealfall genau zum „al dente"-Zeitpunkt, wenn das Gargut also bissfest und noch leicht knackig ist. So behält insbesondere Gemüse eine schöne leuchtende Farbe. Anschließend wird es entsprechend weiterverarbeitet und zum Beispiel noch einmal kurz in Butter geschwenkt.

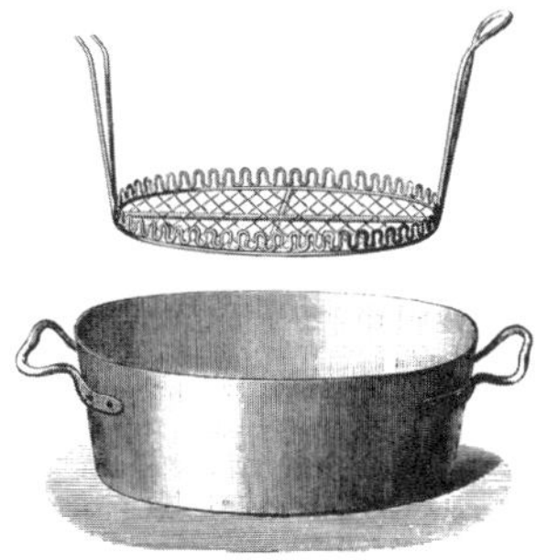

BRA WIE BRATEN:
Das Braten ist eine der ältesten Kochtechniken der Welt – auf den Punkt gebracht heißt es Garen ohne Flüssigkeit bei starker Hitze. Wichtig ist, der Pfanne gut einzuheizen, bevor das Gargut hineinkommt. Scharfes Anbraten schließt die Poren und verhindert, dass zu viel Flüssigkeit zum Beispiel aus dem leckeren Steak austritt. Angenehmer Nebeneffekt ist die rasche Röststoffbildung, die für den richtigen Geschmack sorgt. Wichtig: Braten Sie größere Mengen lieber portionsweise nach und nach, damit die Hitze in der Pfanne konstant hoch bleibt.

DÄ WIE DÄMPFEN:
Beim Dämpfen wir das Gargut über heißem Wasserdampf gegart. Neben Gemüse eignen sich für diese Zubereitungsart auch Fisch und Getreideprodukte. Das Dämpfen ist eine sehr schonende Garmethode, bei der viele wichtige Vitamine und Nährstoffe erhalten bleiben. Der Handel hält für diesen Zweck Töpfe mit integriertem Dämpfeinsatz, variable Dämpfeinsätze und auch spezielle Dampfdrucktöpfe, Dampfgarer und Kombi-Dampfgarer bereit. Diese Geräte ermöglichen trockene Hitze mit Dampf zu kombinieren, um perfekte Garergebnisse zu erzielen.

DÜ WIE DÜNSTEN:
Das Dünsten ist eine sehr gesunde und fettarme Zubereitungsmethode. Hierbei werden die Produkte in wenig Flüssigkeit – zumeist Wasser, Fond, Brühe oder Wein – schonend bei mittlerer Hitze gegart und behalten dabei den Eigengeschmack sowie die enthaltenen Vitamine und Mineralstoffe. Gerne dünstet man aus diesem Grund Lebensmittel mit höherem eigenen Wassergehalt, wie Gemüse oder Fisch. Erst anschließend wird das Gargut mit Salz und Pfeffer abgeschmeckt.

FRI WIE FRITTIEREN:
Das Frittieren ist nichts anderes als das Ausbacken in hitzebeständigem heißem Fett in Topf, tiefer Pfanne oder Fritteuse. Die Zubereitungsart eignet sich für kleinere Fisch-, Fleisch- und Gemüsestücke. Das Fett wird zuvor auf Temperaturen zwischen 180 und 200 °C erhitzt. Das Gargut geben Sie gut getrocknet (damit es nicht spritzt) und wohlportioniert (damit die Temperatur des Fetts nicht zu stark sinkt) hinein. Nach dem Frittieren das Abtropfen auf Küchenpapier nicht vergessen.

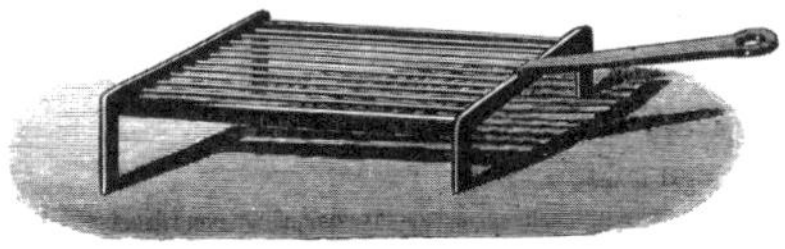

GRI WIE GRILLEN:
Das Garen über der heißen Glut ist fast so alt wie die Menschheit. Heutzutage wird das Grillgut nicht nur auf dem Rost über glühenden Kohlen zubereitet, sondern gerne auch auf dem Gas- oder Elektrogrill. Temperaturen von bis zu 300 °C garen und bräunen Fleisch, Fisch und Gemüse. Immer mehr in Mode kommt aber auch das indirekte Grillen bei niedrigerer Hitze.

KO WIE KOCHEN:
Das Kochen ist die einfachste und neben dem Braten weltweit ganz gewiss populärste Art des Garens. Hier wird Flüssigkeit auf mindestens 100 °C erhitzt und feste Zutaten, wie zum Beispiel große Fleischstücke, Kartoffeln, Suppengrün, Nudeln oder Reis, werden darin bis zu ihrem Garpunkt, das heißt, bis sie weich und essfertig sind, gegart.

PFA UND WO WIE PFANNENRÜHREN ODER WOKKEN:
Pfannenrühren ist nichts anderes als das kurze Braten bei ständiger Bewegung des Garguts. Die zuvor in kleine Stücke geschnittenen Zutaten werden bei hoher Hitze in einer Pfanne (mit Kugelboden) unter gleichmäßigem Rühren rasch gegart. Der Vorteil ist, dass nichts verkocht, sondern Aromen und Vitamine ebenso erhalten bleiben wie zum Beispiel die Knackigkeit von Gemüse. Besonders beliebt ist die aus Asien stammende Methode der Zubereitung bei feinem Fleisch sowie Fisch- und Gemüsegerichten.

SCHMO WIE SCHMOREN:
Beim Schmoren wird das Gargut in einem Topf, einer tiefen Pfanne oder einem Bräter zunächst in heißem Fett rundherum angebraten und anschließend unter Zugabe von wenig Flüssigkeit bei geschlossenem Deckel fertig gegart. Schmoren eignet sich für Fleisch, das über einen längeren Zeitraum gegart werden muss, um richtig zart zu werden. Direkt in den Sinn steigt uns dabei der Duft von außen kräftig angerösteten saftigen Braten, Gulasch und Rouladen, die man nach dem Anbraten auch im heißen Backofen fertig garen kann.

Die Pflicht

RICHTIGES TISCHDECKEN

Spätestens wenn Gäste nahen, sollte nicht nur das Menü stimmen, sondern auch der Tisch schön gedeckt sein. Bei vielen von uns stellen sich in diesen Situationen jedes Mal aufs Neue Fragen wie diese: „Wie war das noch gleich? Lege ich das Besteck entsprechend der Menüfolge von außen nach innen oder von innen nach außen? Wo kam dieser Brotteller hin – rechts? Oder lag er doch links? Mist, eigentlich war das doch ganz einfach ...“

Und Sie haben recht – es IST einfach. Man muss es sich nur merken. Um diese Klippe zukünftig stets weltmännisch zu umschiffen, haben wir für Sie den perfekt gedeckten Tisch grafisch festgehalten. So haben Sie bei jeder noch so kleinen Erinnerungslücke immer eine Orientierungshilfe zur Hand.

MEIN TIPP:

Decken Sie den Tisch am besten schon einige Stunden bevor die Gäste eintreffen. So geraten Sie nicht ins Schleudern, falls die Gäste allzu pünktlich kommen oder es später in der Küche doch wieder einmal zeitlich etwas enger wird als geplant.

Die Kür

BRÜHE ANSETZEN

FÜR VIER MÄNNER

GEMÜSEBRÜHE - ZUBEREITUNGSZEIT: 30 Minuten (+ 1,5 Stunden Garzeit)

2 kg Gemüse (z.B. Möhren, Sellerie, Petersilienwurzeln, Lauch, Tomaten, Champignons usw.) nach Bedarf schälen, waschen und putzen, dann in grobe Stücke schneiden. **2 Zwiebeln** abziehen und ebenfalls grob schneiden. **1 Bund Petersilie** und **2–3 Zweige Thymian** waschen.

2 EL Olivenöl in einem hohen Topf erhitzen, das Gemüse tropfnass darin anschwitzen und mit **3–4 l Wasser** auffüllen. Petersilie, Thymian, **5 Wacholderbeeren, 1 Lorbeerblatt, 1 Nelke, 1 TL Salz** und **¼ TL Pfefferkörner** hinzugeben. Das Ganze aufkochen und bei mittlerer Hitze ca. 1,5 Stunden langsam köcheln lassen.

Die Brühe durch ein feines Sieb in einen zweiten Topf gießen, nochmals kurz aufkochen und mit **Salz** und **Pfeffer aus der Mühle** abschmecken.

RINDERBRÜHE - ZUBEREITUNGSZEIT: 20 Minuten (+ ca. 2 Stunden Garzeit)

1 kg Suppenfleisch (z. B. Rinderbeinscheibe oder -brust) und **500 g Rinderknochen** kalt abspülen, mit **1 TL Wacholderbeeren, 1 Lorbeerblatt, 2 EL Salz** und **1 TL Pfefferkörnern** in einen hohen Topf geben, mit **3–4 l eiskaltem Wasser** auffüllen und langsam zum Kochen bringen. Dann die Hitze so weit reduzieren, dass die Brühe nur noch leicht simmert, aber nicht mehr kocht.

Währenddessen **1 Bund Suppengrün (Möhren, Sellerie, Lauch)** waschen, putzen und grob zerkleinern. **1 Zwiebel** abziehen und ebenfalls grob schneiden. **½ Bund krause Petersilie** und **2–3 Zweige Thymian** waschen. Alles zur Brühe geben. Das Ganze ca. 2 Stunden garen, dabei sollte das Fleisch stets mit Wasser bedeckt sein. An der Oberfläche entstehenden Schaum immer wieder abschöpfen.

Die Brühe durch ein feines Sieb in einen zweiten Topf gießen, nochmals kurz aufkochen und mit **Salz** und **Pfeffer aus der Mühle** abschmecken.

MEIN TIPP:

Idealerweise die kochend heiße Brühe in saubere, sterilisierte Twist-off-Gläser füllen, mit dem Schraubdeckel sofort verschließen und auf den Kopf stellen. Die Gläser nach 5 Minuten mit Schwung wieder umdrehen, abkühlen lassen und an einem kühlen, dunklen Ort aufbewahren – so hält die Brühe mehrere Wochen.

Die Kür

FISCHFOND

FÜR VIER MÄNNER

ZUBEREITUNGSZEIT: **30 Minuten (+ ca. 1 Stunde Garzeit)**

800 g gemischte Fischkarkassen (Gräten; z. B. von Seezunge, Steinbutt, Seeteufel, Lengfisch oder Kabeljau) mit einem großen Messer grob zerkleinern, in eine Schüssel geben und kalt abspülen, bis das Blut entfernt ist. Die Gräten in einem Sieb abtropfen lassen.

1 Zwiebel abziehen und ebenfalls grob schneiden. **½ Stange Lauch (den hellen Teil)** und **4 Stangen Staudensellerie** waschen, putzen und in grobe Stücke schneiden. **½ Bund glatte Petersilie** waschen.

1 Bio-Zitrone heiß abspülen, trockenreiben und mit einem Sparschäler zwei Streifen der Schale abschälen.

1 EL Butter in einem großen Topf erhitzen und Zwiebel, Lauch und Sellerie darin bei mittlerer Hitze anschwitzen. Karkassen hinzugeben, leicht anschwitzen und mit **200 ml Weißwein** ablöschen. Die Flüssigkeit fast vollständig verkochen lassen, dann mit **3–4 l Wasser** auffüllen. Petersilie, Zitronenschale, **1 Lorbeerblatt, ½ Teelöffel Salz** und **5 Pfefferkörner** hinzugeben.

Den Fond bei mittlerer Hitze langsam aufkochen. Wenn er kocht, die Hitze auf ein Minimum reduzieren und alles 30–45 Minuten ziehen lassen. Den Schaum, der sich an der Oberfläche bildet, immer wieder abschöpfen.

Den Fond langsam durch ein feines Sieb in einen zweiten Topf gießen und nochmals kurz aufkochen, dann mit **Salz** und **Pfeffer aus der Mühle** abschmecken. Wer den Fond klar haben möchte, legt das Sieb mit einem Passiertuch oder einem Kaffeefilter aus.

MEIN TIPP:

Für einen Fischfond benutzt man in der Regel nur Gräten von hellen Fischen und helles Gemüse. Hier empfiehlt es sich, gleich etwas mehr zu kochen und den Fond portionsweise einzufrieren. Wenn Sie nämlich für ein Fischgerichte eine schnelle Sauce benötigen, kochen Sie den Fond einfach weiter ein, bis sein Geschmack kräftiger wird, würzen ihn nach Belieben und binden ihn mit wenig Speisestärke zur gewünschten Konsistenz ab. So wird aus Ihrem Fond rasch eine schöne Sauce, mit der Sie Ihre Fischgerichte einfach und geschmackvoll unterstützen.

Die Kür

. SAUCEN .

FÜR VIER MÄNNER

BRAUNE FLEISCHSAUCE - ZUBEREITUNGSZEIT: **10 Minuten (+ 2 ¾ Stunden Garzeit)**

Den Backofen auf 230 °C Umluft (250 °C Ober- und Unterhitze/Gas Stufe 6) vorheizen. **1 kg Rinderknochen** und **1 kg Kalbsknochen** im heißen Ofen ca. 30 Minuten stark rösten.

In der Zwischenzeit **1 Bund Suppengrün (Möhren, Sellerie, Lauch)** waschen, putzen und in grobe Stücke schneiden. **2 Zwiebeln** und **1 Knoblauchzehe** abziehen und ebenfalls grob schneiden.

4 EL Sonnenblumenöl in einem Bräter stark erhitzen, die Knochen hinzufügen und ebenfalls kräftig anrösten. Suppengrün, Zwiebel- und Knoblauchstücke dazugeben und kurz mitrösten, **3 EL Tomatenmark** und **2 TL Zucker** einrühren und kurz karamellisieren. Mit **350 ml Rotwein** ablöschen und die Flüssigkeit bei mittlerer Hitze vollständig verkochen, bis der Topfinhalt wieder anbrät. Den Vorgang mit weiteren **350 ml Rotwein** wiederholen.

½ l Wasser angießen und die Flüssigkeit wieder verkochen lassen. Fleisch und Knochen mit **3 EL Mehl** bestäuben, dann **5 Wacholderbeeren, 2 Lorbeerblätter, 1 Nelke, 10 Pfefferkörner und ½ TL Salz** unterrühren. Mit **kaltem Wasser** auffüllen, alles kurz aufkochen und langsam bei mittlerer Hitze ca. 2 Stunden köcheln lassen, dabei gelegentlich umrühren.

Sauce durch ein feines Sieb in einen zweiten Topf gießen, nochmals aufkochen und mit **Salz** und **Pfeffer aus der Mühle** abschmecken.

MEIN TIPP:

Die heiße Sauce in saubere, sterilisierte Twist-off-Gläser füllen, mit dem Schraubdeckel sofort verschließen und auf den Kopf stellen. Die Gläser nach 5 Minuten mit Schwung wieder umdrehen, abkühlen lassen und an einem kühlen, dunklen Ort aufbewahren. So hält sich die Sauce sauber eingeweckt ca. 3 Monate. Oder füllen Sie sie mit einem kleinen Trichter in Einweg-Eiswürfeltüten und frieren Sie diese ein.

BÉCHAMELSAUCE - ZUBEREITUNGSZEIT: 5 Minuten (+ 25 Minuten Garzeit)

1 EL Butter bei kleiner Hitze in einem Topf zerlassen, **1 EL Mehl** hinzugeben und mit dem Schneebesen zu einer Mehlschwitze gut verrühren.

½ l Milch und **¼ l Brühe** angießen und das Ganze unter ständigem Rühren bei mittlerer Hitze aufkochen. Die Sauce ca. 20 Minuten bei leichter Hitze weiterköcheln lassen, dabei regelmäßig umrühren.

Die Béchamelsauce abschließend mit **1 Spritzer Zitronensaft**, etwas **frisch geriebener Muskatnuss, Salz** und **Pfeffer aus der Mühle** abschmecken.

MEIN TIPP:

Mehlschwitze immer mit kalter Flüssigkeit auffüllen, so bildet sie weniger Klümpchen. Falls dies trotzdem passiert, die Sauce mit einem Stabmixer gut pürieren und durch ein feines Sieb gießen.

Wichtig ist, dass eine mehlgebundene Sauce ca. 20 Minuten köchelt, damit sie perfekt bindet, aber auch um den Mehlgeschmack zu verkochen.

SHAKE-IT-VINAIGRETTE - ZUBEREITUNGSZEIT: 5 Minuten

100 ml hellen Aceto balsamico, 50 ml Wasser, 1 EL Senf, 1 TL Zucker sowie **200 ml gutes Pflanzenöl** in ein Glas mit Twist-off-Schraubdeckel geben und mit **Salz** und **grob zerstoßenem Pfeffer** würzen. Das Glas gut verschlossen schütteln, bis sich der Zucker aufgelöst hat.

Varianten (Flüssiges mixen/Festes kleinschneiden):

VARIANTE 1: **Saft und Abrieb von 1 Bio-Orange, ½ Bund Basilikum** (gehackt), **1 TL Dijon-Senf, 1 EL Pinienkerne** (geröstet und gehackt), **50 ml gutes Pflanzenöl, 50 ml Olivenöl**

VARIANTE 2: **2 EL dunkler Aceto balsamico, 1 EL Cranberrys** (gehackt), **1 EL Pflaumenmus, 2 EL Sojasauce**, ein wenig **Chilischote, Saft von 1 Orange**, etwas gehacktes **Korian-dergrün**, etwas **Walnussöl**

VARIANTE 3: **Saft und Abrieb von 1 Bio-Zitrone, 100 g zerdrückte Erdbeeren, 2 Stängel Basilikum, 2 EL Ahornsirup**

Die Kür

BASIC-DIPS

FÜR VIER MÄNNER

MAYONNAISE - ZUBEREITUNGSZEIT: 10 Minuten

2 sehr frische Eigelbe mit **2 EL Weißwein, 1 EL mittelscharfem Senf,** dem **Saft von ½ Zitrone,** je **1 Prise Zucker** und **Salz** sowie etwas **Pfeffer aus der Mühle** glattrühren.

Nun langsam in einem dünnen Strahl **250–300 ml gutes Pflanzenöl** unter ständigem Rühren langsam einlaufen lassen, dabei die Rührrichtung gelegentlich wechseln. Am besten ein feuchtes Tuch unter die Schüssel legen, dann bleibt die Schüssel auf der Arbeitsfläche stabil und dreht nicht mit. So viel Öl einarbeiten, bis eine cremige Konsistenz entsteht. Zum Schluss die Mayonnaise mit **Salz** und **Pfeffer aus der Mühle** abschmecken.

MEIN TIPP:

Meine Ruckzuck-Mayo: Alle Zutaten mit der Hälfte des Öls in einen hohen Messbecher geben und mit einem Stabmixer gründlich mixen, dann langsam mehr Öl einlaufen lassen, bis die Mayo cremig ist. Mixer langsam herausziehen, Mayo würzen, nach Belieben verfeinern und abschmecken.

Je nach passendem Gericht können Sie auch das Pflanzenöl komplett oder zumindest einen Teil davon durch Trüffel-, Walnuss- oder Kürbiskernöl ersetzen.

Geschmacklich können Sie die Mayonnaise wahlweise z. B. auch mit fein gehacktem Knoblauch, Chiliwürfeln oder Safranfäden abrunden.

REMOULADE - ZUBEREITUNGSZEIT: 25 Minuten

Für die Grundmayonnaise **3 sehr frische Eigelbe** mit **2 EL Weißwein, 1 EL mittelscharfem Senf,** dem **Saft von ½ Zitrone,** je **1 Prise Zucker** und **Salz** sowie etwas **Pfeffer aus der Mühle** glattrühren. In einem dünnen Strahl **250–300 ml gutes Pflanzenöl** einlaufen lassen, dabei ständig rühren und die Richtung gelegentlich wechseln. Die Konsistenz sollte bei Remoulade etwas dickflüssiger sein. Mit **Salz** und **Pfeffer aus der Mühle** abschmecken.

Für die Remoulade **1 Schalotte** abziehen und fein würfeln. **1 Bund Schnittlauch** waschen, trockenschütteln und fein schneiden. **2 Gewürzgurken** abtropfen lassen und fein würfeln. **2 hart-gekochte Eier** pellen, dann mit **4–5 Kapern** und **1 Sardellenfilet (in Öl eingelegt)** fein hacken. Alles unter die Mayonnaise rühren und das Ganze mit **2 EL Gewürzgurkensud**, **Salz** und **Pfeffer** abschmecken.

KETCHUP - ZUBEREITUNGSZEIT: 30 Minuten (+ 40 Minuten Garzeit)

1,5 kg reife Tomaten (alternativ geschälte Tomaten aus der Dose) waschen und ohne Stielansatz kleinschneiden. Die Stücke in einem Sieb über einer Schüssel abtropfen lassen, dabei den Saft auffangen.

1 kleine rote Chilischote längs halbieren, entkernen und in kleine Würfel schneiden. **1 kleines Stück frische Ingwerwurzel (max. ¼ TL fertig gehackt)** schälen und fein hacken. **1 Schalotte** und **1 Knoblauchzehe** abziehen und in feine Würfel schneiden.

Etwas **Rapsöl** in einem Topf erhitzen und Knoblauch- sowie Schalottenwürfel darin bei mittlerer Hitze langsam anrösten. Chiliwürfel, gehackten Ingwer, **200 g braunen Zucker** und **1 TL Paprikapulver edelsüß** dazugeben, dann alles leicht erwärmen.

Abgetropfte Tomaten hinzufügen, das Ganze aufkochen und bei kleiner Hitze ca. 30 Minuten köcheln lassen.

Kleine Bügelverschlussflaschen mit Wasser ausspülen und im Ofen bei 100 °C Umluft (100 °C Ober- und Unterhitze/Gas Stufe 1) ca. 10 Minuten sterilisieren.

In der Zwischenzeit Tomaten mit dem Stabmixer pürieren, durch ein feines Sieb in einen anderen Topf passieren und noch einmal aufkochen. Den aufgefangenen Tomatensaft mit **1 EL Speisestärke** verrühren. Das Ketchup mit der Stärke leicht binden und weitere 3 Minuten köcheln lassen.

Das heiße Tomatenketchup durch einen Trichter in 3–4 warme, aber nicht mehr heiße Bügelverschlussflaschen füllen. Die Flaschen sofort verschließen, auf den Kopf stellen und nach 5 Minuten mit Schwung wieder umdrehen.

MEIN TIPP:

Ketchup vor dem Abfüllen in 3–4 Geschmacksrichtungen verändern, z. B.
1 x mit Cranberrys und Jalapeños,
1 x mit Currypulver, Mango und Teriyaki-Sauce,
1 x mit grobem Steakpfeffer und Pflaumenmus – für die Freaks auch mit etwas Cola, Sojasauce, süßem Senf und mehr Chilischote.

KLEIN BEIGEBEN

Snacks & Vorspeisen

25

LAUCH-QUICHE

mit Mandarine

Für vier Männer:

Für den Teig:
- 200 g Mehl
- Salz
- 200 g Butter
- 200 g Magerquark

Für den Belag:
- 1 Zwiebel
- 1 Knoblauchzehe
- 1 Stange Lauch
- 1 rote Paprikaschote
- 1 rote Chilischote
- 2–3 Stängel Koriandergrün
- 2 EL Olivenöl zum Braten
- 150 g gemischtes Hackfleisch
- 1 EL Tomatenmark
- 1 TL würziges indisches Currypulver
- Salz
- 150 g Schafskäse
- 1 kleine Dose Mandarinen (Abtropfgewicht 175 g)
- Pfeffer aus der Mühle
- 50 g Speisequark
- 3 Eier
- 150 ml Milch
- 2 EL Parmesan, frisch gerieben
- Butter zum Einfetten
- 3 EL Semmelbrösel

Außerdem:
- Rechteckige Auflauf-/Quicheform

ZUBEREITUNGSZEIT: **30 Minuten (+ 30 Minuten Backzeit)**

- Für den Teig Mehl mit ½ TL Salz in einer Schüssel gut verrühren. Butter in kleine Würfel schneiden, mit dem Quark dazugeben und alles zügig zu einem Teig verkneten. Den Teig abgedeckt im Kühlschrank ruhen lassen, bis der Belag zubereitet ist. Den Backofen auf 180 °C Umluft (200 °C Ober- und Unterhitze/Gas Stufe 3) vorheizen.
- Für den Belag Zwiebel und Knoblauch abziehen und fein würfeln. Lauch putzen, längs halbieren, in Streifen schneiden, gründlich waschen und abtropfen lassen. Paprikaschote waschen, halbieren, entkernen und ohne Stielansatz würfeln. Chilischote längs halbieren, entkernen und in kleine Würfel schneiden. Koriander waschen, trockenschütteln und fein hacken.
- Das Olivenöl in einer beschichteten Pfanne erhitzen, Hackfleisch mit Zwiebeln, Knoblauch und Chiliwürfeln darin anbraten, dabei immer wieder gut durchrühren, damit das Hackfleisch krümelig wird. Tomatenmark und Currypulver einrühren, kurz mitschwitzen, dann das Ganze mit Salz würzen. Hackfleisch in eine Schüssel umfüllen.
- In derselben Pfanne Lauchstreifen und Paprikawürfel kurz anschwitzen, dann zum Hackfleisch geben. Schafskäse in Würfel schneiden, Mandarinenfilets abtropfen lassen. Beides mit dem Koriandergrün zum Hackfleisch geben, alles gut vermengen und noch einmal mit Salz und Pfeffer kräftig abschmecken.
- Speisequark, Eier, Milch und Parmesan gut verquirlen, dann ebenfalls mit Salz und Pfeffer würzen.
- Die Quicheform mit etwas Butter einfetten. Teig etwas größer als die Form rund ausrollen, hineinlegen, dabei am Rand gleichmäßig andrücken und hochziehen. Den Boden mit Semmelbröseln ausstreuen. Hackfleischmasse in der Auflaufform verteilen und mit der Käse-Ei-Masse begießen. Die Quiche im heißen Backofen ca. 30 Minuten backen.
- Die Lauch-Quiche kurz ruhen lassen, dann nach Belieben noch heiß oder auch abgekühlt servieren.

MEIN TIPP:

Wer keine Zeit hat, kann den Boden auch kaufen und z. B. einen fertigen Mürbeteig (Kühlregal) oder Blätterteig (Tiefkühlfach) verwenden.

– OMELETT –

• SPANISCHE ART •

Für vier Männer:

Für das Omelett:
- 100 g spanische Paprikawurst
- 2 Frühlingszwiebeln
- 1 Schalotte
- 1 rote Paprikaschote
- 200 g Kirschtomaten
- 1 Bund Basilikum
- 100 g tiefgekühlte Erbsen
- 10 Eier
- 75 ml Milch
- 60 g Parmesan, frisch gerieben
- Salz
- Pfeffer aus der Mühle
- 100 g Rinderhackfleisch
- 1 Handvoll Rucola

Außerdem:
- 4 Weckgläser (à 220 ml)

ZUBEREITUNGSZEIT: 15 Minuten (+ 15 Minuten Backzeit)

- Die Paprikawurst in Würfel schneiden. Frühlingszwiebeln waschen, putzen und in schräge Ringe schneiden. Die Schalotte abziehen und in feine Streifen schneiden. Die Paprikaschote waschen, halbieren, entkernen und ohne Stielansatz würfeln. Tomaten waschen, trocknen und halbieren. Basilikum waschen, trockenschütteln, Blätter abzupfen und fein zerrupfen oder schneiden. Die Erbsen mit lauwarmem Wasser übergießen und darin kurz auftauen lassen.
- Eier, Milch und Parmesan gut verquirlen, dann mit Salz und Pfeffer würzen. Den Backofen auf 180 °C Umluft (200 °C Ober- und Unterhitze/Gas Stufe 3–4) vorheizen.
- Die Paprikawurstwürfel in einer kalten Pfanne erhitzen und bei mittlerer Hitze leicht kross braten. Das Rinderhackfleisch dazugeben und kurz mitbraten. Frühlingszwiebelringe, Schalottenstreifen, Paprikawürfel und Tomatenhälften hinzufügen und ebenfalls kurz anschwitzen. Das Ganze mit Salz und Pfeffer gut würzen. Die Masse auf die Weckgläser verteilen, mit der Ei-Milch-Käse-Mischung übergießen, Deckel auflegen und im Backofen 15 Minuten stocken lassen.
- In der Zwischenzeit Rucola waschen, verlesen, trockenschleudern und grob schneiden.
- Die Omeletts aus dem Ofen holen und mit Rucola bestreut servieren.

MEIN TIPP:

Wer mag, kann auch noch ein paar Käsestreifen dazugeben.
Schauen Sie einfach mal ins Gemüsefach und verarbeiten Sie alles, was da ist.

JAKOBSMUSCHELN

auf Gurken-Tatar

Für vier Männer:

Für das Tatar:

- 2 Salatgurken
- 1 Banane
- 1 rote Zwiebel
- 1 Bund Frühlingszwiebeln
- 1 Chilischote
- 8 Minzeblätter
- Saft von 1 Zitrone
- 2 EL Sesamöl
- Salz

Für die Muscheln:

- 12 Jakobsmuscheln, ausgelöst
- Olivenöl zum Braten
- 1 TL Butter
- Fleur de Sel

ZUBEREITUNGSZEIT: **20 Minuten (+ 15 Minuten Ruhezeit)**

- Die Salatgurken waschen, schälen und die Enden abschneiden. Die Gurken längs halbieren und mit einem Löffel die Kerne herauskratzen. Die Hälften in kleine Würfel schneiden. Die Banane schälen und ebenfalls würfeln.

- Die Zwiebel abziehen und in feine Würfel schneiden. Frühlingszwiebeln waschen, putzen und schräg in dünne Ringe schneiden. Die Chilischote längs halbieren, entkernen und in kleine Würfel schneiden. Minzeblätter waschen, trockenschütteln und fein hacken.

- Gurken-, Bananen- und Zwiebelwürfel, Frühlingszwiebelringe, Chiliwürfel und gehackte Minze in einer Schüssel mit Zitronensaft und Sesamöl vermengen. Das Tatar mit etwas Salz abschmecken und ca. 15 Minuten ziehen lassen.

- In der Zwischenzeit die Jakobsmuscheln kalt abwaschen und mit Küchenpapier trockentupfen. Eine Pfanne erhitzen, mit etwas Olivenöl einfetten und die Jakobsmuscheln darin von jeder Seite ca. 1 Minute braten. Die Butter dazugeben, die Pfanne vom Herd nehmen und die Muscheln 2–3 Minuten garziehen lassen.

- Das Gurken-Tatar auf Teller verteilen, Jakobsmuscheln auflegen, erst jetzt mit etwas feinem Fleur de Sel würzen und servieren.

MEIN TIPP:

Nutzen Sie das feine Meersalz (Fleur de Sel) nicht zum Kochen, sondern verfeinern Sie Ihre Gerichte kurz vor dem Servieren mit einer Prise davon. So kommen Geschmack und Optik am besten zur Geltung. Lagern Sie Fleur de Sel im Kühlschrank, so behält es seine angenehme Feuchtigkeit und das volle Aroma.

– GEBACKENE –

BLUTWURST-RAVIOLI

Für vier Männer:

Für den Teig:
-200 g Mehl
-Salz
-3 Eigelbe
-1 Ei
-1 EL Olivenöl
-Mehl für die Arbeitsplatte

Für die Füllung:
-150 g Blutwurst
-100 g Sauerkraut
-2 EL Apfelmus
-1 EL Crème fraîche
-2 EL Kartoffelpüree (Instantflocken)
-Pfeffer aus der Mühle
-1 Eigelb zum Bestreichen

Für die Beilage:
-2 mittelgroße Kartoffeln
-1 Apfel
-1 rote Zwiebel
-1 Bund feiner Rucola
-Olivenöl zum Braten
-Fleur de Sel

ZUBEREITUNGSZEIT: **45 Minuten (+ 25 Minuten Garzeit)**

- Für den Teig Mehl und 1 Prise Salz in einer Schüssel gut vermischen, Eigelbe, Ei und Olivenöl dazugeben. Das Ganze mit den Händen zu einem geschmeidigen Teig verkneten. Den Teig zu einer Kugel formen, in Frischhaltefolie einwickeln und im Kühlschrank mindestens 30 Minuten ruhen lassen.

- In der Zwischenzeit für die Füllung die Blutwurst pellen und in sehr feine Würfel schneiden. Sauerkraut ebenfalls kleinschneiden und zusammen mit Blutwurstwürfeln, Apfelmus, Crème fraîche und Kartoffelpüreeflocken verrühren, dann mit Salz und Pfeffer würzen.

- Den Nudelteig auswickeln, in 12–16 gleich große Stücke teilen und zu kleinen Kugeln rollen. Die Kugeln nacheinander auf der leicht bemehlten Arbeitsfläche mit einem Nudelholz dünn ausrollen. Die Teigplatten in 8 x 8 Zentimeter große Quadrate schneiden, jeweils einen Löffel der Masse mittig aufsetzen, die Ränder mit verquirltem Eigelb einpinseln, den Teig über der Füllung diagonal Spitze auf Spitze zusammenklappen und die Ränder gut andrücken.

- In der Zwischenzeit reichlich Wasser erhitzen, salzen und die Ravioli darin portionsweise ca. 5 Minuten garen. Herausnehmen, abtropfen lassen, mit Küchenpapier trockentupfen und beiseitestellen.

- Die Kartoffeln schälen, waschen und in Stifte schneiden. Apfel waschen, vierteln, entkernen und in Spalten schneiden. Zwiebel abziehen, längs halbieren und in Streifen schneiden. Rucola verlesen, waschen und trockenschleudern.

- Das Olivenöl in einer Pfanne erhitzen und die Kartoffelstifte darin bei mittlerer Hitze 8 Minuten goldbraun braten. Apfelspalten und Zwiebelstreifen dazugeben und 4–5 Minuten mitbraten, dann das Ganze mit Salz und Pfeffer abschmecken. In der Zwischenzeit in einer zweiten Pfanne ebenfalls etwas Olivenöl erhitzen und die Ravioli darin portionsweise bei mittlerer Hitze kurz von beiden Seiten anbraten.

- Den Rucola unter die Kartoffeln heben, dann die Mischung auf tiefe Teller verteilen. Ravioli auflegen und das Ganze mit etwas Fleur de Sel und Pfeffer bestreut servieren.

Frühlingsrollen

Für vier Männer:

Für die Rollen:

- 3 Möhren
- 1 Stange Lauch
- 2 Stangen Staudensellerie
- 4 Stängel glatte Petersilie
- 4 EL gesalzene Erdnüsse
- Rapsöl zum Braten
- Salz
- Pfeffer aus der Mühle
- 50 g frische Mungobohnensprossen (oder Sojasprossen)
- 8 Blätter Frühlingsrollenteig
- 1 Eiweiß

Für den Dip:

- 1 rote Chilischote
- 5 EL Ketchup
- 3 EL Teriyaki-Sauce
- 1 EL brauner Zucker
- 1 EL Zitronensaft
- Salz
- Pfeffer aus der Mühle

ZUBEREITUNGSZEIT: 25 Minuten (+ 10 Minuten Garzeit)

- Die Möhren schälen, dann mit Lauch und Staudensellerie waschen, putzen und in feine längliche Streifen schneiden. Die Petersilie waschen und trockenschütteln, Blätter abzupfen, zu einer Rolle aufdrehen und fein schneiden.

- Möhren-, Lauch- und Selleriestreifen mit den Erdnüssen in wenig Rapsöl kurz und scharf anbraten, dann mit Salz und Pfeffer abschmecken. Petersilie und Mungobohnensprossen untermengen. Das Ganze auf einem großen flachen Teller abkühlen lassen.

- Die Frühlingsrollenteigblätter auf der Arbeitsfläche nebeneinander diagonal ausbreiten und das Gemüse in acht gleich großen Portionen mittig darauf verteilen. Die Ränder rundherum mit Eiweiß bestreichen. Den Teig einmal von vorne nach hinten Spitze auf Spitze über das Gemüse schlagen. Die äußeren Ecken zur Mitte hin einschlagen, wieder alles mit Eiweiß bestreichen und die Teigblätter stramm aufrollen. Die Rollen in einer Pfanne mit reichlich heißem Rapsöl langsam goldbraun braten.

- Für den Dip die Chilischote längs halbieren, nach Belieben entkernen und in kleine Würfel schneiden. Die Chiliwürfel mit den restlichen Dipzutaten verrühren, dann mit Salz und Pfeffer abschmecken.

- Die Frühlingsrollen auf Küchenpapier kurz abtropfen lassen und mit dem Dip servieren.

MEIN TIPP:

Bei der Füllung können Sie nach Belieben variieren und die Rollen zum Beispiel auch mit Ananasstücken, gebratenem Hähnchenfleisch, Tofu oder auch einmal süß füllen.

Wer möchte, kann die Röllchen auch mit kleineren Teigblättern zubereiten und sie als Fingerfood servieren.

RINDER-CARPACCIO

– geflämmt –

Für vier Männer:

Für das Carpaccio:
- 300 g Rinderfilet (ohne Fett und Sehnen)
- 1 Bund feiner Rucola
- 150 g Parmesan am Stück
- 100 g Pinienkerne
- 5 EL Olivenöl
- Salz
- Pfeffer aus der Mühle
- 2 EL Anislikör (z. B. Sambuca)

Saft und Abrieb von 1 Bio-Zitrone

Außerdem:
- Flambierbrenner

ZUBEREITUNGSZEIT: **15 Minuten (+ 1 Stunde Gefrierzeit)**

- Das Rinderfilet in Frischhaltefolie stramm einwickeln und mindestens 1 Stunde im Tiefkühlfach anfrieren lassen.

- Den Rucola verlesen, waschen und trockenschleudern. Vom Parmesan mit einem Sparschäler breite Streifen abhobeln. Die Pinienkerne in einer Pfanne ohne Fett bei mittlerer Hitze langsam goldbraun rösten. Die Kerne in eine Schüssel umfüllen und abkühlen lassen.

- Vier Teller mit etwas Olivenöl dünn einpinseln, dann mit Salz und Pfeffer bestreuen. Das Fleisch aus der Folie wickeln und mit einem großen, sehr scharfen Messer quer zur Faser in dünne Scheiben schneiden (siehe Tipp). Die Scheiben zwischen zwei Frischhaltebeutel legen und mit einem Nudelholz dünner rollen. Das plattierte Fleisch fächerförmig auf den Tellern auslegen.

- Restliches Olivenöl mit Anislikör, Zitronensaft und -abrieb kräftig verquirlen und die Rindfleischscheiben damit einpinseln. Das Carpaccio mit dem Flambierbrenner leicht abflämmen.

- Das geflämmte Carpaccio mit Rucola, Parmesanspänen sowie gerösteten Pinienkernen bestreut servieren.

MEIN TIPP:

Perfekt lässt sich Carpaccio mit der Aufschnittmaschine schneiden. Dazu das Filet in ein Stück Frischhaltefolie fest einrollen, damit es sich rund formt. Das Fleisch ca. 1,5 Stunden im Tiefkühlfach einfrieren. Folie entfernen und das Fleisch hauchdünn schneiden.
Schon häufiger hatte ich den Fall, dass gerade die Damen kein rohes Fleisch mögen. Daher hier die leicht gegarte Variante – aber das Rinderfilet nicht zu lange abflämmen!
Das Fleisch sollte von sehr guter Qualität sein. Lassen Sie sich ein Stück aus der Mitte geben. Am besten, Sie sagen dem Metzger beim Einkauf, dass Sie das Fleisch roh verzehren möchten.
Wer eine vegetarische Variante lieber mag, kann anstelle von Rindfleisch auch ein paar gelbe und grüne Zucchini verwenden. Diese gründlich waschen, putzen, trocknen, ohne Enden fein hobeln und farblich abwechselnd auf dem Teller verteilen.

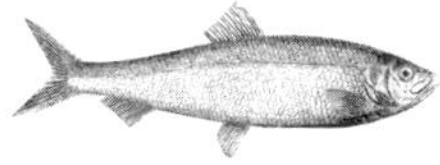

MATJES

AUF GEBRATENEM APFEL

Für vier Männer:

Für die Sauce:
- 2 rote Zwiebeln
- 4 kleine Gewürzgurken
- 2 säuerliche Äpfel
- 250 g Crème fraîche
- 3–4 EL Sahne
- 2 EL Gewürzgurkensud
- 1 TL Dijon-Senf
- Zucker
- Salz
- Pfeffer aus der Mühle

Für Matjes, Apfel und Kartoffeln:
- 1 kg neue kleine Kartoffeln
- 3 kleine süß-säuerliche Äpfel
- 2 EL Butter
- 6 doppelte Matjesfilets
- Petersilienblättchen zum Garnieren
- 4 Schnäpse zum Nachspülen (nach Bedarf und Belieben)

Außerdem:
- Apfelausstecher
- Zahnstocher

ZUBEREITUNGSZEIT: 30 Minuten (+ 15–18 Minuten Garzeit)

- Für die Sauce Zwiebeln abziehen, längs halbieren und in feine Streifen schneiden. Gewürzgurken längs halbieren und quer in schräge Scheiben schneiden. Äpfel waschen, vierteln, entkernen und in dünne Scheiben schneiden. Crème fraîche mit Sahne, Essiggurkensud und Dijon-Senf verrühren. Zwiebelstreifen, Gurken- und Apfelscheiben unterrühren und das Ganze mit 1 Prise Zucker, Salz und Pfeffer würzen.

- Die Kartoffeln gut waschen und mit Schale in gesalzenem Wasser bei mittlerer Hitze 15–18 Minuten weich garen.

- In der Zwischenzeit die Äpfel waschen, mit einem Apfelausstecher entkernen und quer in jeweils 4 Scheiben schneiden. Apfelscheiben in einer Pfanne in etwas Butter bei kleiner Hitze von beiden Seiten ca. 3 Minuten braten, dann mit 1 Prise Zucker, Salz und Pfeffer würzen. Die weich gegarten Kartoffeln abgießen und kurz ausdampfen lassen.

- Auf jeden Teller mittig drei Apfelscheiben legen, doppelte Matjesfilets der Länge nach teilen, aufrollen, mit einem Zahnstocher fixieren und auf die Apfelscheiben setzen. Die Sauce darüber verteilen und das Ganze mit Petersilie garniert servieren. Die Pellkartoffeln separat dazu reichen.

MEIN TIPP:

Ich koche meine Pellkartoffeln immer mit ein wenig Kümmel und Öl. Dann schmecken sie aromatischer und lassen sich durch das Öl leichter pellen.
Frische, neue Kartoffeln kann man, wenn sie vorher gut gewaschen wurden, auch mit Schale essen, „ältere“ Kartoffeln sollten vorher immer gepellt werden.

- OKTOPUSSALAT -

mit Zitrone

Für vier Männer:

Für den Oktopus:
- 1 Oktopus (ca. 800 g)
- Salz

Für den Salat:
- 8 Tomaten
- 1 Bund Frühlingszwiebeln
- 1 Zwiebel
- 1 Knoblauchzehe
- 1–2 grüne Chilischoten
- 1 Bund glatte Petersilie
- Saft von 1 Zitrone
- 3–4 EL gutes Olivenöl
- Fleur de Sel
- Kresseblättchen zum Garnieren

Außerdem:
- „alter" Weinkorken

ZUBEREITUNGSZEIT: **45 Minuten (+ 45-60 Minuten Garzeit)**

- Den Oktopus unter fließendem kaltem Wasser gründlich waschen. Den Kopf von den Fangarmen trennen. Harte Kauwerkzeuge zwischen den Fangarmen herausdrücken und entfernen, Augen ebenfalls großzügig entfernen.

- In einem großen Topf reichlich gesalzenes Wasser aufkochen, Oktopus im Ganzen hineingeben und bei mittlerer Hitze zusammen mit dem Weinkorken (siehe Tipp) ca. 45–60 Minuten wirklich butterweich köcheln. Topf vom Herd nehmen und Oktopus im Sud weitere 30 Minuten leicht auskühlen lassen.

- In der Zwischenzeit für den Salat die Tomaten waschen, ohne Stielansatz vierteln und mit einem Löffel entkernen. Die Tomatenfilets in mundgerechte Stücke schneiden. Frühlingszwiebeln waschen, putzen und schräg in dünne Ringe schneiden. Zwiebel und Knoblauch abziehen und sehr fein würfeln.

- Die Chilischoten waschen, längs halbieren, entkernen und in kleine Würfel schneiden. Petersilie waschen und trockenschütteln, Blätter abzupfen, zu einer Rolle aufdrehen und fein schneiden. Tomatenstücke, Frühlingszwiebelringe, Zwiebel-, Knoblauch- und Chiliwürfel sowie gehackte Petersilie in einer Schüssel vermengen.

- Den Oktopus aus dem Sud nehmen und unter leicht fließendem lauwarmem Wasser abspülen, dabei die Haut abstreifen. Den Oktopus mit Küchenpapier trockentupfen, in kleine Stücke schneiden und mit in die Schüssel geben.

- Den Salat noch einmal gut vermengen, mit Zitronensaft, Olivenöl und Fleur de Sel abschmecken und mit Kresseblättchen garniert servieren.

MEIN TIPP:

Die wachsartigen Substanzen aus dem Korken wirken auf die langfaserigen Eiweißmoleküle wie ein Weichmacher. Sie legen sich um die Moleküle und verhindern so deren Verfilzen, was den Oktopus zäh machen würde.
Sehr lecker schmeckt der Salat, wenn er lauwarm und mit frischem Ciabatta serviert wird. Wer möchte, kann alles in einer Pfanne heiß anbraten und mit Spaghetti servieren oder später kurz im Ganzen auf den Grill legen.

WURSTSALAT

Für vier Männer:

Für den Salat:
- 500 g gemischte Wurst (z. B. Cabanossi, Fleischwurst, Lyoner, Landjäger, Wiener)
- 1 TL Pfeffer, grob zerstoßen
- 1 Bund Radieschen
- 4–5 mittelgroße Gewürzgurken
- 2 rote Zwiebeln
- 1 Bund glatte Petersilie
- 1 Beutel Pflücksalat (100 g)

Für das Dressing:
- 2–3 EL Olivenöl
- 2 EL heller Aceto balsamico
- 1 EL süßer Senf
- 1 Spritzer flüssiger Süßstoff
- Salz

ZUBEREITUNGSZEIT: **20 Minuten (+ 5 Minuten Garzeit)**

- Die Wurst leicht schräg in dünne Scheiben schneiden. Cabanossischeiben in einer kalten Pfanne erhitzen und bei mittlerer Hitze leicht anbraten. Übrige Wurstscheiben in einer Schüssel mit gerösteter Cabanossi samt ausgetretenem Fett und grob zerstoßenem Pfeffer durchmengen.

- Die Radieschen gründlich waschen, putzen und ohne Wurzelansatz in Scheiben schneiden. Gewürzgurken ebenfalls in dünne Scheiben schneiden. Zwiebeln abziehen, längs halbieren und in feine Streifen schneiden. Petersilie waschen und trockenschütteln, Blätter abzupfen, zu einer Rolle aufdrehen und fein schneiden. Radieschen- und Gurkenscheiben, Zwiebelstreifen und gehackte Petersilie zur Wurst in die Schüssel geben.

- Öl, Essig, Senf, Süßstoff und 1 Prise Salz in einem hohen Rührbecher mit dem Stabmixer kurz verquirlen, dann über den Wurstsalat geben. Alles gut durchmengen und noch einmal mit Salz abschmecken.

- Den Pflücksalat verlesen, waschen, trockenschleudern und auf die Teller verteilen. Den Wurstsalat darauf anrichten und sofort servieren. Dazu passen ofenfrische Laugenbrezeln.

MEIN TIPP:

Wer in einem Rezept Gewürzgurken verwendet, kann ruhig etwas von dem Gurkensud hinzugeben, dieser unterstützt den Geschmack.

Poivre

RÖMER-RADICCHIO-SALAT

mit Crunch

Für vier Männer:

Für die Vinaigrette:

- 50 ml dunkler Aceto balsamico
- 50 ml Himbeeressig
- 50 ml Wasser
- 2 EL Dijon-Senf
- 1 TL Pfefferkörner, grob geschrotet
- 100 ml Sonnenblumenöl
- 50 ml Rapsöl
- 50 ml Walnussöl
- Zucker
- Salz
- Pfeffer aus der Mühle

Für den Salat:

- 100 g gemischte Nusskerne
- 1 EL brauner Zucker
- 8 dünne Scheiben Frühstücksspeck
- 4 Eier
- 100 g Roquefort
- 2 Köpfe Römersalat
- 1 Kopf Radicchio
- 100 g Kirschtomaten
- 1 Avocado

ZUBEREITUNGSZEIT: **45 Minuten**

- Für die Vinaigrette alle Zutaten mit 1 Esslöffel Zucker und 1 Prise Salz in einen Messbecher geben und mit einem Stabmixer gut verquirlen. Mit Zucker, Salz und Pfeffer nachschmecken. Die Vinaigrette sollte im Geschmack sehr kräftig sein, dann brauchen Sie für den Salat nur wenig davon. Variieren Sie nach Geschmack süß und sauer.

- Für den Salat Nusskerne und Zucker in einer beschichteten Pfanne bei mittlerer Hitze rösten, bis der Zucker geschmolzen ist. Nüsse auf einem Bogen Backpapier verteilen und auskühlen lassen.

- In der Zwischenzeit den Frühstücksspeck in einer Pfanne bei mittlerer Hitze langsam kross braten. Scheiben herausnehmen und auf Küchenpapier abtropfen lassen. Wenn der Speck erkaltet ist, in kleine Stücke brechen. Währenddessen die Eier 7 Minuten kochen, kalt abspülen, pellen und halbieren. Roquefort in kleine Stücke schneiden.

- Römersalat und Radicchio verlesen, waschen, trockenschleudern und die einzelnen Blätter in mundgerechte Stücke zupfen. Kirschtomaten waschen, trocknen und in Viertel schneiden. Avocado halbieren, Kern entfernen, Fruchtfleisch vorsichtig schälen und in Würfel schneiden. Blattsalate, Kirschtomatenviertel und Avocadowürfel in eine große Schüssel geben und mit wenig Vinaigrette mischen.

- Den Salat auf Tellern anrichten und mit karamellisierten Nüssen, krossen Speckstücken, Eierhälften und Roquefort bestreut servieren.

MEIN TIPP:

Durch das Verquirlen mit dem Stabmixer erreichen Sie für einige Zeit eine homogene Verbindung und die Vinaigrette ist dadurch samtiger. Bereiten Sie ruhig etwas mehr von der Vinaigrette zu, füllen Sie diese in ein sauberes Glas mit Twist-off-Schraubdeckel und bewahren die Sauce im Kühlschrank auf. So verstaut, ist sie einige Wochen haltbar. Vor dem Benutzen die Vinaigrette im Glas einfach noch einmal kurz kräftig durchschütteln.

Anstelle von krossem Speck können Sie den Salat auch als Hauptgang mit frisch gebratenem Hähnchenbrustfilet servieren.

WASSERMELONE

– MIT BÜFFELMOZZARELLA –

Für vier Männer:

Für die Melone:
- 500 g Wassermelone
- 2 Fleischtomaten
- ½ Bund Frühlingszwiebeln
- 1 rote Chilischote
- 2 Stängel Minze
- 3 Stängel Basilikum
- 5–6 EL gutes Olivenöl
- Saft von ½ Zitrone
- Zucker
- Salz
- Pfeffer aus der Mühle
- 1 Knoblauchzehe
- 4 Scheiben Ciabatta

Für den Mozzarella:
- 4 Kugeln Büffelmozzarella (à 125 g)
- 4 TL guter alter cremiger Aceto balsamico

ZUBEREITUNGSZEIT: 20 Minuten

- Das Melonenfleisch aus der Schale schneiden, von Kernen befreien und in kleine Würfel schneiden. Tomaten waschen, ohne Stielansatz vierteln und mit einem Löffel entkernen. Die Tomatenfilets in mundgerechte Stücke schneiden.

- Die Frühlingszwiebeln waschen, putzen und schräg in dünne Ringe schneiden. Chilischote längs halbieren, entkernen und in kleine Würfel schneiden. Minze- und Basilikumstängel waschen, trockenschütteln und Blätter abzupfen. Ein paar schöne Basilikumblätter für die Dekoration beiseitelegen, den Rest fein hacken.

- Melonen- und Tomatenstücke, Frühlingszwiebelringe, Chiliwürfel, Minze und Basilikum in eine Schüssel geben und mit 3 Esslöffeln Olivenöl, Zitronensaft, 1 Prise Zucker, Salz und Pfeffer würzen.

- Die Knoblauchzehe halbieren und Ciabatta damit einreiben. Scheiben mit Olivenöl bepinseln und in einer heißen Pfanne bei mittlerer Hitze langsam rösten.

- In der Zwischenzeit Mozzarella kreuzweise einschneiden und die Kugeln an der Schnittstelle ein wenig auseinanderdrücken. Die Brotscheiben auf Teller verteilen, auf jede Scheibe eine Mozzarellakugel setzen und den Melonensalat hineingeben. Das Ganze mit etwas cremigem Aceto balsamico beträufeln und mit den restlichen Basilikumblättchen garniert servieren.

MEIN TIPP:

Wer möchte, kann alternativ zum Mozzarella auch ein paar Schafskäse- und Avocado-würfel dazugeben.

– FENCHELSALAT –

MIT GRAPEFRUIT

Für vier Männer:

Für den Salat:
- 2 Fenchelknollen
- 2 Grapefruits
- 100 g kleine Kirschtomaten
- 2 Schalotten
- 150 g dünne pikante Salamisticks mit Paprika
- ½ Bund Koriandergrün
- 50 g Cashewkerne
- Salz
- Pfeffer aus der Mühle

Für die Marinade:
- 1 Vanilleschote
- Saft von 2 Zitronen
- 2 EL gutes Olivenöl
- 1 EL brauner Zucker

ZUBEREITUNGSZEIT: 25 Minuten

- Den Fenchel waschen, putzen, längs halbieren und den Strunk keilförmig herausschneiden. Die Hälften – am besten mit der Aufschnittmaschine oder auf einem scharfen Gemüsehobel – in sehr feine Streifen schneiden. Die Fenchelstreifen in eine Schüssel geben.

- Für die Marinade die Vanilleschote längs einritzen und das Mark herauskratzen. Vanillemark samt Schote mit Zitronensaft, Olivenöl und braunem Zucker in einem Topf kurz aufkochen, alles gut verrühren, Vanilleschote wieder entfernen und die Marinade über den Fenchel gießen.

- Die Schale der Grapefruits mitsamt der weißen Haut mit einem scharfen Messer herunterschneiden. Die Filets zwischen den weißen Trennhäutchen herausschneiden.

- Die Kirschtomaten waschen und halbieren. Schalotten abziehen und in feine Streifen schneiden. Salamisticks schräg in dünne Scheiben schneiden.

- Den Koriander waschen, trockenschütteln, die Blättchen kleinzupfen und mit Grapefruitfilets, Tomatenhälften, Schalottenstreifen und Salamischeiben zum Fenchel in die Schüssel geben.

- Die Cashewkerne in einer beschichteten Pfanne ohne Fett bei mittlerer Hitze langsam goldbraun rösten und unter den Salat heben.

- Den Fenchelsalat noch einmal gut vermengen und mit Salz und Pfeffer abgeschmeckt servieren.

MEIN TIPP:

Wer möchte, kann auch noch ein paar Schafskäsewürfel dazugeben. Wer es vegetarisch mag, lässt die Salami weg und serviert das Ganze stattdessen mit Avocadospalten.

BROTSALAT

— MIT ROTEN ZWIEBELN —

Für vier Männer:

Für den Salat:
- 1 Salatgurke
- 250 g kleine Kirschtomaten
- 2 rote Zwiebeln
- 5 getrocknete Feigen
- 1 Bund Basilikum
- 1 Bund Rucola
- 6 dünne Scheiben Serrano-Schinken
- 1 Knoblauchzehe
- 500 g Ciabatta (am besten vom Vortag)
- 50 g Pinienkerne
- 2–3 EL gutes Olivenöl
- 100 g kleine Kugeln Mozzarella
- Salz
- Pfeffer aus der Mühle

Für das Dressing:
- 2–3 EL gutes Olivenöl
- 2 EL heller Aceto balsamico
- 1 EL Honig
- Salz
- 1 TL Pfefferkörner, grob zerstoßen

ZUBEREITUNGSZEIT: 25 Minuten (+ 4-5 Minuten Garzeit)

- Die Salatgurke waschen, Enden abschneiden, Gurke leicht schälen, längs halbieren und mit einem Löffel die Kerne entfernen. Gurkenhälften in Scheiben schneiden. Tomaten waschen und halbieren. Zwiebeln abziehen, längs halbieren und in Streifen schneiden. Feigen in dünne Scheiben schneiden. Basilikum waschen, trockenschütteln und die Blätter in kleine Stücke zupfen.

- Für das Dressing Olivenöl, Essig, Honig, 1 Prise Salz und groben Pfeffer in einer Schüssel gut verquirlen. Gurkenscheiben, Tomatenhälften, Zwiebelstreifen, Feigenscheiben und Basilikumstücke dazugeben und alles gut vermengen.

- Den Rucola verlesen, waschen, trockenschleudern und in kleine Stücke zupfen, Serrano-Schinken ebenfalls in kleine Stücke reißen. Knoblauch abziehen und fein würfeln. Ciabatta in mundgerechte Würfel schneiden.

- Die Pinienkerne in einer beschichteten Pfanne ohne Fett bei mittlerer Hitze langsam goldbraun rösten, dann zum Salat in die Schüssel geben.

- Das Olivenöl in einer Pfanne erhitzen und die Brotwürfel darin bei mittlerer Hitze 4–5 Minuten goldbraun rösten. Knoblauch hinzugeben und kurz mitrösten. Pfanneninhalt mit Serrano-Schinken, Rucola und Mozzarellakugeln zum Salat geben. Alles locker vermengen.

- Den Brotsalat noch einmal mit Salz und Pfeffer abschmecken und sofort servieren.

MEIN TIPP:

Wer den Salat lieber vegetarisch servieren möchte, kann den Serrano-Schinken weglassen oder durch kleine frische Ananasstücke ersetzen.

MEDITERRANE

• LINSENSUPPE MIT CHORIZO •

Für vier Männer:

Für die Suppe:
- 500 g Tellerlinsen
- 200 g Chorizo oder Paprikacabanossi
- 1 Bund Suppengrün (Möhren, Sellerie, Lauch)
- 5–6 mittelgroße Kartoffeln
- 2 rote Zwiebeln
- 2 Knoblauchzehen
- 1 Chilischote
- 2–3 EL Olivenöl zum Braten
- 1 EL Paprikapulver rosenscharf
- 100 g Tomatenmark
- 400 g Pizzatomaten (aus der Dose)
- 1 Lorbeerblatt
- 2 l Gemüsebrühe oder Wasser
- Salz
- 1 TL Pfeffer, grob zerstoßen
- 10 Wiener Würstchen
- 2 EL dunkler Aceto balsamico
- Zucker
- Pfeffer aus der Mühle

ZUBEREITUNGSZEIT: **35 Minuten (+ 45–60 Minuten Garzeit + 8 Stunden Einweichzeit)**

- Tellerlinsen über Nacht in einer Schüssel mit ausreichend kaltem Wasser einweichen. Am nächsten Tag Linsen abgießen und in einem Sieb kalt abspülen. Chorizo in kleine Würfel schneiden. Suppengrün waschen, putzen und ebenfalls klein schneiden.

- Kartoffeln schälen, waschen und in kleine Würfel schneiden. Kartoffelwürfel zusammen mit dem Suppengrün in eine Schüssel geben und mit Wasser bedecken (damit die Kartoffeln nicht anlaufen).

- Zwiebeln und Knoblauch abziehen und fein würfeln. Chilischote längs halbieren, entkernen und in kleine Würfel schneiden.

- Zwiebel- und Knoblauchwürfel zusammen mit der Chorizo in einem großen Topf mit etwas Olivenöl langsam erhitzen und anschwitzen. Chiliwürfel, Paprikapulver und Tomatenmark einrühren und kurz mitschwitzen. Linsen, Pizzatomaten und Lorbeerblatt hinzugeben. Das Ganze mit Brühe auffüllen und bei mittlerer Hitze 35 Minuten köcheln lassen, dabei gelegentlich umrühren. Anschließend mit Salz und Pfeffer kräftig abschmecken.

- Wiener Würstchen in Scheiben schneiden und zur Suppe geben. Suppengrün und Kartoffeln mitsamt dem Wasser, das sie in der Schüssel bedeckt hat, ebenfalls hinzugeben und alles weitere 15–20 Minuten köcheln lassen. Wenn das Gemüse bissfest ist, die Suppe mit Aceto balsamico, 1 Prise Zucker, Salz und Pfeffer abschmecken.

- Die Linsensuppe entweder am Tisch ganz deftig aus dem Topf heraus oder in tiefe Teller gefüllt servieren.

MEIN TIPP:

Den Eintopf am besten am Vortag kochen und über Nacht schön durchziehen lassen, dann hat er noch mehr Aroma.

BOUILLON

»Entchen klein«

Für vier Männer:

Für die Suppe:

- 4 Entenkeulen
- 1 Bund Suppengrün (Möhren, Sellerie, Lauch)
- 3 Wacholderbeeren
- 1 Nelke
- 1 Lorbeerblatt
- 10 Pfefferkörner
- 1 Stängel Zitronengras
- 1 haselnussgroßes Stück frische Ingwerwurzel
- 1 EL rote Thai-Currypaste
- 5 EL Sojasauce
- 1 EL Sesamöl
- Salz
- Pfeffer aus der Mühle

Für die Einlage:

- 50 g Mu-Err-Pilze (getrocknete Asiapilze)
- 1–2 Möhren
- 1 Stange Lauch
- 100 g asiatische Eiernudeln (Quick coooking egg noodles)
- Korianderblättchen zum Garnieren

Außerdem:

- Passiertuch

ZUBEREITUNGSZEIT: **30 Minuten (+ 1 Stunde Garzeit)**

- Für die Suppe die Entenkeulen unter fließendem kaltem Wasser gründlich waschen und mit Küchenpapier trockentupfen. Suppengrün waschen, putzen und klein schneiden. Entenkeulen, Suppengrünstücke, Wacholderbeeren, Nelke, Lorbeerblatt und Pfefferkörner in einem Topf mit ca. 3 Litern eiskaltem Wasser bedecken.

- Das Zitronengras mit dem Boden einer Pfanne etwas platt klopfen (das geht zum Beispiel auch mit einem schweren Messergriff), Ingwer schälen, in Scheiben schneiden und mit Zitronengras, Thai-Currypaste, Sojasauce und Sesamöl in den Topf geben. Alles einmal aufkochen, dann die Entenkeulen bei mittlerer Hitze ca. 1 Stunde weichkochen, den dabei entstehenden Schaum immer wieder sauber abschöpfen.

- In der Zwischenzeit für die Einlage Mu-Err-Pilze in kaltem Wasser 30 Minuten einweichen, dann abspülen und klein schneiden. Möhren schälen, mit dem Lauch gründlich waschen, putzen und beides in sehr feine Streifen schneiden.

- Die Nudeln in einer Schüssel mit heißem Wasser bedecken, 5 Minuten ziehen lassen, dann abgießen und in etwas kleinere Stücke schneiden.

- Weich gegarte Entenkeulen aus dem Sud nehmen und das Fleisch mit einem Löffel vom Knochen schaben. Sehnen, Haut und Knorpel entfernen, dann das Fleisch in mundgerechte Stücke schneiden.

- Ein Sieb mit einem sauberen Passiertuch auslegen und die Suppe hindurch in einen zweiten Topf gießen. Flüssigkeit erneut aufkochen, Hitze reduzieren und das Ganze mit Salz und Pfeffer kräftig abschmecken. Fleischstücke, Mu-Err-Pilze, Möhren- und Lauchstreifen in die Brühe geben und darin bei kleiner bis mittlerer Hitze 5 Minuten heiß ziehen lassen.

- Die Suppe in tiefe Teller füllen und mit kleingezupften Korianderblättchen bestreut servieren.

MEIN TIPP:

Wer es vegetarisch mag, ersetzt das Fleisch einfach durch mehr Gemüse und gibt etwas (Räucher-)Tofu als Einlage hinzu.

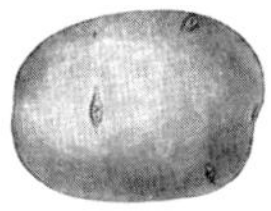

KARTOFFEL-CREMESUPPE

Für vier Männer:

Für die Suppe:

- 600 g Kartoffeln
- Salz
- 1 l Gemüsebrühe oder Wasser
- Muskatnuss, frisch gerieben
- 150 g Sahne

Für die Einlage:

- 100 g Lachsfilet (Sushiqualität)
- Pfeffer aus der Mühle
- 2 Scheiben Frühstücksspeck (Bacon)
- 1 Bund Schnittlauch
- 4 TL Schmand
- 1 TL Meerrettich

Außerdem:

- 4 Anrichteringe

ZUBEREITUNGSZEIT: **20 Minuten (+ 15 Minuten Garzeit)**

- Die Kartoffeln schälen, waschen, in kleine Würfel schneiden und bei mittlerer Hitze in Gemüsebrühe oder leicht gesalzenem Wasser ca. 15 Minuten weichkochen.

- In der Zwischenzeit für die Einlage den Lachs in sehr kleine Würfel schneiden, mit etwas Salz und Pfeffer würzen und im Kühlschrank abgedeckt kalt stellen. Frühstücksspeckscheiben halbieren und in einer beschichteten Pfanne bei mittlerer Hitze langsam kross braten. Schnittlauch waschen, trockenschütteln und in sehr feine Röllchen schneiden. Schmand mit Meerrettich in einer kleinen Schüssel verrühren.

- Zwei Schöpfkellen Kartoffelwürfel aus der Flüssigkeit herausfischen. Die abgetropften Würfel in einer Schüssel mit einer Gabel andrücken und mit Muskatnuss, Salz und Pfeffer würzen. Die restliche Suppe mit dem Stabmixer kurz pürieren. Sahne hinzugeben, alles noch einmal kurz aufkochen, dann mit Muskatnuss, Salz und Pfeffer kräftig abschmecken.

- Die angedrückte Kartoffelmasse in Anrichteringen mittig in tiefe Teller geben (Ringe noch nicht wieder abziehen) und die Lachswürfel auflegen. Rundherum vorsichtig die Suppe angießen – das funktioniert am besten mit einem Messbecher. Die Anrichteringe erst jetzt langsam vorsichtig nach oben abziehen. Abschließend den krossen Speck auflegen, je einen Klecks Meerrettich-Schmand aufsetzen und die Suppe mit Schnittlauchröllchen bestreut servieren.

MEIN TIPP:

Ich koche die Kartoffelsuppe klassisch nur mit Kartoffeln. Wer mag, kann natürlich auch anderes Gemüse hinzugeben. Allgemein sollte man bei Gemüsesuppen immer ein bis zwei Kartoffeln hinzugeben, die bringen der Suppe eine angenehme Bindung.

Wer möchte, kann die Einlage auch variieren und Lachs sowie Speck zum Beispiel durch eine gebratene Garnele, Büsumer Krabben oder gebratene Mettwurstwürfel ersetzen.

SNACK-HELDEN

HACKBÄLLCHEN

im Glas

ZUBEREITUNGSZEIT: **30 Minuten (+ 20 Minuten Garzeit) - Für vier Männer**

Für die Bällchen **2 kleine Weizenbrötchen (am besten vom Vortag)** in **200 g Sahne** ca. 15 Minuten einweichen. In der Zwischenzeit **1 große Zwiebel** und **2 Knoblauchzehen** abziehen und in sehr feine Würfel schneiden. **1 Bund glatte Petersilie** waschen und trockenschütteln, Blätter abzupfen, zu einer Rolle aufdrehen und fein schneiden.

500 g gemischtes Hackfleisch in eine Schüssel geben, Brötchen in der Sahne gut zerdrücken und komplett zum Hackfleisch geben. **2 Eier, 1 EL mittelscharfer Senf** und Petersilie hinzugeben, alles gut verkneten. Die Masse mit **Salz** und **1 EL grobem Steakpfeffer** kräftig würzen und zu kleinen Bällchen formen. Den Backofen auf 180 °C Umluft (200 °C Ober- und Unterhitze/ Gas Stufe 3–4) vorheizen.

In einer Pfanne **2–3 EL Pflanzenöl** erhitzen und die Hackbällchen darin bei mittlerer Hitze rundherum anbraten. Hackbällchen auf 4 Weckgläser (à 500 ml) verteilen.

Für die Sauce **1 rote Chilischote** waschen, halbieren, entkernen und in kleine Würfel schneiden. **500 g Pizzatomaten (aus der Dose)** in einer Schüssel mit den Chiliwürfeln mischen und mit **Saft von ½ Orange, 1 Prise Zucker, Salz** und **Pfeffer aus der Mühle** gut abschmecken. Die Tomatensauce über den Hackbällchen verteilen und Deckel auf die Gläser auflegen.

Die Hackbällchen im Glas im heißen Ofen 20 Minuten backen.

Gläser aus dem Ofen nehmen, die Deckel abheben (Vorsicht, heiß!) und die Hackbällchen in den Weckgläsern servieren.

MEIN TIPP:

Variantenreich sind die kleinen Hackbällchen! Anstelle von gemischtem Hack können Sie zum Beispiel auch Lammfleisch, Hähnchen oder sogar Fisch verwenden.
Auch in den Geschmacksrichtungen sind Ihrer Kreativität keine Grenzen gesetzt. Anstelle von Petersilie probieren Sie einmal Koriander oder verfeinern das Ganze mit asiatischen oder orientalischen Gewürzen.
Wer eine vegetarische Variante bevorzugt, kann statt Fleisch auch gekochte Linsen oder Couscous verwenden.
Ideal auch für unterwegs zum Picknick.

SNACK-HELDEN

STEAK-WRAPS

mit BBQ-Salsa

ZUBEREITUNGSZEIT: **30 Minuten (+ 20 Minuten Garzeit) - Für vier Männer**

Für die Salsa **4 EL Ketchup, 3 EL Honig, 1 EL Sojasauce, 1 Knoblauchzehe** (fein gehackt)**, 1 EL scharfen Senf, 1 TL Paprikapulver edelsüß, 1 Prise Cayennepfeffer, 1 TL grob zerstoßenen Pfeffer** sowie **4 EL Rum oder Whisky** kräftig verquirlen und mit **Rauchsalz** nach Belieben abschmecken. Den Backofen auf 130 °C Umluft (150 °C Ober- und Unterhitze/Gas Stufe 1) vorheizen.

Für die Wraps **2 Ribeye-Steaks (à 200 g)** trockentupfen und in einer Pfanne mit **2 EL heißem Rapsöl** von jeder Seite 1–2 Minuten scharf anbraten. Das Fleisch in eine feuerfeste Form legen, mit **1 TL mediterranem Gewürzsalz** würzen und im heißen Ofen 18 Minuten fertig garen.

In der Zwischenzeit **1 rote Zwiebel** abziehen, längs halbieren und in Streifen schneiden. **1 grüne oder rote Chilischote** waschen, längs halbieren, entkernen und ebenfalls in feine Streifen schneiden. **2 Tomaten** waschen, ohne Stielansatz vierteln und mit einem Löffel entkernen. Die Tomatenfilets ebenfalls in Streifen schneiden. **1 Avocado** halbieren, entkernen, schälen und in kleine Stücke schneiden. **100 g eingelegte Grillpaprika (aus dem Glas)** auf Küchenpapier abtropfen lassen und fein schneiden. **2 Stängel Koriandergrün** zupfen und fein hacken.

Zwiebel-, Chili- und Tomatenstreifen, Avocado- und Paprikastücke mit gehacktem Koriander, **1 EL Oli-venöl** und **Saft von ½ Zitrone** in einer Schüssel gut durchmengen und mit **Salz** und **Pfeffer aus der Mühle** würzen. **1 Romana-Salatherz** verlesen, waschen, trockenschleudern und in Streifen schneiden.

Steaks aus dem Ofen nehmen und kurz ruhen lassen. In dieser Zeit **8 Weizentortillas** mit etwas Wasser bepinseln und ein paar Minuten im heißen Ofen rösten.

Geröstete Wraps mit der BBQ-Salsa bestreichen und einer Lage Gemüse- und Salatstreifen bestreuen. Steaks in dünne Streifen schneiden und auflegen, jeweils **1 Klecks Crème fraîche** daraufgeben, die Fladenränder einklappen und das Ganze zu strammen Wraps aufrollen.

Die Wraps in Butterbrotpapier einwickeln und halbiert servieren.

MEIN TIPP:

Machen Sie eine Wrap-Party! Bereiten Sie unterschiedliche Zutaten, Dips und Einlagen vor und richten Sie alles auf einer Platte an. Dann kann jeder am Tisch seine eigenen Wraps nach Lust und Laune füllen, rollen und genießen.

REZEPT
SEITE
– 52 –

SNACK-HELDEN

FOCACCIA

für vier Männer

ZUBEREITUNGSZEIT: **30 Minuten (+ 30–45 Minuten Ruhezeit + 15 Minuten Backzeit)**

600 g Weizenmehl (Type 405), 1 Päckchen Trockenhefe und **1 TL Salz** in einer Schüssel mischen, in die Mitte eine Mulde drücken. **5 EL Olivenöl, 2 EL Honig** (leicht erwärmt) und **ca. 300 ml lauwarmes Wasser** dazugeben und alles langsam verrühren, bis ein kompakter Teig entsteht. Den Teig auf der leicht bemehlten Arbeitsfläche nochmals kräftig durchkneten, bis er nicht mehr an den Händen klebt.

Die Schüssel innen mit etwas **Öl** einpinseln, den Teig wieder hineinlegen, mit einem Tuch bedecken und an einem gleichmäßig warmen Ort 30–45 Minuten ruhen lassen, bis er leicht aufgegangen ist. Den Backofen auf 180 °C Umluft (200 °C Ober- und Unterhitze/Gas Stufe 3–4) vorheizen.

Teig auf der bemehlten Arbeitsfläche in vier Stücke teilen. Teigviertel auf einem mit Backpapier ausgelegten Backblech zu flachen Fladen formen und zum Schluss mit den Fingern mehrmals kräftig so eindrücken, dass eine hügelige Oberfläche entsteht. Die Fladen mit **Olivenöl** beträufeln, mit **grobem Meersalz** bestreuen und im heißen Ofen 12–15 Minuten goldbraun backen.

Focaccia aus dem Ofen nehmen, vom Backblech heben und leicht auskühlen lassen. Das Brot in kleine Stücke schneiden und mit leicht gesalzener Butter servieren. Alternativ das Brot in etwas größere Stücke schneiden und nach Belieben belegen.

MEIN TIPP:

Wer frische Hefe verarbeiten möchte, zerbröselt ½ Würfel in etwas lauwarmem Wasser, gibt 1 EL Zucker oder Honig hinzu und verrührt alles, bis sich die Zutaten aufgelöst haben.

Honig sollte man in solchen Rezepten vor der Verarbeitung kurz warm machen, weil er dann flüssiger wird und sich besser verarbeiten lässt.

Aus dem Teig kleine Kreise formen und unterschiedlich belegen, so hat man verschiedene Variationen als Snack.

SNACK-HELDEN

CLUB-SANDWICH

mit Hähnchen

ZUBEREITUNGSZEIT: **30 Minuten (+ 15 Minuten Backzeit) - Für vier Männer**

Den Backofen auf 160 °C Umluft (180 °C Ober- und Unterhitze/Gas Stufe 2–3) vorheizen.

Für das Sandwich **2 rote Zwiebeln** abziehen und quer in dickere Scheiben schneiden. **1 EL Butter** erwärmen, die Zwiebelscheiben darin wenden und mit **1 TL braunem Zucker** bestreuen. Zwiebelringe und **4 Scheiben Serrano-Schinken** auf einem mit Backpapier belegten Backblech verteilen und im heißen Ofen 15 Minuten backen.

In der Zwischenzeit **4 Hähnchenbrustfilets** unter fließendem kaltem Wasser gründlich waschen und mit Küchenpapier trockentupfen. Das Fleisch von Fett und Sehnen befreien und leicht schräg in möglichst große, zentimeterdicke Scheiben schneiden. Scheiben in einer Schüssel mit **Salz** und **2–3 EL Rapsöl** marinieren. **2–3 Zweige Thymian** waschen, trockenschütteln, Blättchen von den Zweigen streifen und für die Salsa beiseitestellen, die Zweige zum Hähnchenfleisch geben.

2 Tomaten waschen und ohne Stielansatz in Scheiben schneiden. **4 mittelgroße Gewürzgurken** der Länge nach in Scheiben schneiden. **1 Avocado** halbieren, entkernen, schälen und die Hälften ebenfalls in Scheiben schneiden. **1 Bund Rucola** verlesen, waschen und trockenschleudern.

Für die Salsa **1 rote Spitzpaprika** und **1 rote Chilischote** waschen, halbieren, entkernen und mit **1 abgezogenen Knoblauchzehe** fein würfeln. **100 g sonnengetrocknete Tomaten (in Öl eingelegt)** auf Küchenpapier abtropfen lassen. Diese Salsazutaten mit **100 ml hochwertigem Olivenöl**, Thymianblättchen und dem **Saft von ½ Limette** in einem hohen Rührbecher kurz durchmixen. Mit **1 Prise Zucker, Salz und Pfeffer** abschmecken.

2 Ciabattalaibe halbieren, aufschneiden, die Innenseiten mit **Olivenöl** und **1 halbierten Knoblauchzehe** leicht einreiben. Die Stücke in einer Pfanne ohne weitere Fettzugabe bei mittlerer Hitze langsam goldbraun rösten, herausnehmen und zum Warmhalten in den Ofen legen.
Pfanne auswischen, wieder erhitzen und die Hähnchenfleischscheiben darin kurz scharf anbraten. Hitze reduzieren, Fleisch mit **Salz** und **Pfeffer** würzen und langsam garziehen lassen.

Ciabatta, Schinken und Zwiebeln aus dem Ofen nehmen, dabei die Grillfunktion einschalten. Die Hälfte der Brotstücke mit Salsa bestreichen, mit **Rucola** belegen und restliche Zutaten abwechselnd darauf verteilen. **4–6 Scheiben Cheddar** auflegen und die **Brote** im Ofen kurz überbacken.

Jeweils einen Ciabattadeckel auflegen und die Club-Sandwiches mit Hähnchen genießen.

FLEISCHESLUST

Rind, Schwein & Co.

59

MISS RINDERFILET

mit Pfeffersauce

Für vier Männer:

Für das Fleisch:

- 2 EL Rapsöl zum Braten
- 4 Scheiben Rinderfilet (à 200 g; aus der Mitte geschnitten und gleich groß)
- Salz
- Pfeffer aus der Mühle

Für die Sauce:

- 2 Schalotten
- 1 Knoblauchzehe
- 1 TL Butter
- 2 EL grüne Pfefferkörner (eingelegt und abgetropft)
- 1 EL Weinbrand
- 400 g Sahne
- 1 Msp. Speisestärke
- 1 Bund Schnittlauch

ZUBEREITUNGSZEIT: 30 Minuten (+ 16 Minuten Garzeit)

- Den Backofen auf 130 °C Umluft (150 °C Ober- und Unterhitze/Gas Stufe 1) vorheizen. Öl in einer Pfanne erhitzen und das Rinderfilet darin von allen Seiten scharf anbraten. Herausnehmen, in eine Auflaufform legen und mit Salz und Pfeffer gut würzen. Filets im Ofen 15 Minuten fertig garen.

- In der Zwischenzeit für die Sauce Schalotten und Knoblauch abziehen und fein würfeln. Butter in der Fleischpfanne schmelzen. Pfefferkörner mit Schalotten- und Knoblauchwürfeln in der Pfanne anschwitzen, Weinbrand dazugeben und Flüssigkeit verkochen lassen. Sahne und Speisestärke glattrühren, dazugeben und alles ca. 8 Minuten köcheln lassen.

- In dieser Zeit den Schnittlauch waschen, trockenschütteln und in sehr feine Röllchen schneiden. Das Fleisch aus dem Ofen nehmen, mit dem ausgetretenen Bratensaft zur Sauce geben und alles nochmals bei mittlerer Hitze ca. 3 Minuten köcheln, dabei das Fleisch regelmäßig wenden.

- Die Filets auf Tellern anrichten und den Schnittlauch in die Sahne rühren. Die Sauce mit Salz und Pfeffer abschmecken und die Filets damit beträufelt servieren.

MEIN TIPP:

Dazu passen ein paar glasierte Fingermöhrchen. Dafür von 30 kleinen Bundmöhrchen das Grün bis auf 2 Zentimeter abschneiden. Möhrchen mit einem Stahlschwamm schrubben. Reichlich Salzwasser aufkochen und die Möhren darin je nach Größe 3–4 Minuten bissfest blanchieren. Herausheben, in Eiswasser abschrecken und abtropfen lassen. 1 EL Butter mit 2–3 EL Möhrensud in einer Pfanne aufkochen, mit frisch geriebener Muskatnuss, 1 Prise Zucker und Salz würzen. Möhrchen kurz vor dem Servieren in der Pfanne erhitzen. Der Sud sollte leicht cremig eingekocht sein und an den Möhrchen glänzen.

Dazu passen auch sehr gut die selbst gemachten Kartoffelrösti von Seite 152.

Anstelle von Filetstücken können Sie das Filet im Ganzen garen, dann braucht es bei 130 °C Umluft (150 °C Ober- und Unterhitze/Gas Stufe 1) ca. 35 Minuten.

MR. RUMPSTEAK

— MIT PAPRIKAKRAUT —

Für vier Männer:

Für die Butter:
- 1 rote Chilischote
- 1 Bund krause Petersilie
- 3 EL Teriyaki-Sauce
- 1 EL Dijon-Senf
- Abrieb von 1 Bio-Limette
- 250 g weiche Butter
- 1–2 TL Fleur de Sel

Für das Paprikakraut:
- 1 rote Zwiebel
- 1 Knoblauchzehe
- 1 rote Chilischote
- 2 rote Paprikaschoten
- 2 EL Olivenöl
- 2–3 EL Ajvar (Balkan-Creme aus Paprika und Aubergine; gibt es im Supermarkt)
- 200 ml Crème fraîche
- 200 ml Apfelsaft
- 2 Dosen Sauerkraut (à ca. 300 g)
- 1 Messerspitze Kümmelsamen
- 1 EL Ahornsirup oder Honig
- Salz
- Pfeffer aus der Mühle

Für das Fleisch:
- 4 Rumpsteaks (à mind. 300 g)
- Rapsöl zum Braten

Außerdem:
- Eiswürfelform aus Silikon oder Backpapier

ZUBEREITUNGSZEIT: 30 Minuten (+ 30 Minuten Garzeit)

- Für die Butter Chilischote waschen, längs halbieren, entkernen und in kleine Würfel schneiden. Petersilie waschen, trockenschütteln, Blätter abzupfen und fein hacken. Chiliwürfel und Petersilie, Teriyaki-Sauce, Dijon-Senf und Limettenabrieb mit der Butter gut verrühren und das Ganze nach Belieben mit Fleur de Sel abschmecken.

- Die Butter idealerweise in Eiswürfelformen aus Silikon streichen – andernfalls mit den Händen in Form bringen und auf ein Stück Backpapier legen – und im Tiefkühlfach anfrieren lassen.

- In der Zwischenzeit für das Kraut Zwiebel und Knoblauch abziehen und fein würfeln. Chilischote und Paprikaschoten waschen, längs halbieren, entkernen und in kleine Würfel schneiden. Olivenöl in einem Topf erhitzen, Zwiebel- und Knoblauchwürfel darin bei mittlerer Hitze goldbraun anbraten. Chili- und Paprikawürfel sowie Ajvar hinzugeben und kurz mitschwitzen. Crème fraîche und Apfelsaft einrühren, dann Sauerkraut, Kümmel und Ahornsirup oder Honig dazugeben. Das Ganze bei mittlerer Hitze 30 Minuten köcheln lassen. Mit Salz und Pfeffer gut abschmecken.

- Den Backofen auf 130 °C Umluft (150 °C Ober- und Unterhitze/Gas Stufe 1) vorheizen. In der Zwischenzeit Rumpsteaks in einer Pfanne in etwas Rapsöl von allen Seiten scharf anbraten. Herausnehmen, in eine Auflaufform legen und mit Salz und Pfeffer gut würzen. Steaks im Ofen 25 Minuten fertig garen.

- Die Rumpsteaks aus dem Ofen nehmen und mit Alufolie abgedeckt kurz ruhen lassen. Ausgetretenen Bratensaft zum Sauerkraut geben.

- Die Steaks mit etwas Butter belegen und in Tranchen geschnitten auf vorgewärmten Tellern servieren. Das Sauerkraut dazu reichen.
  Dazu passen sehr gut die selbst gemachten Röstkartoffeln aus der Pfanne aus unserem Rezept von Seite 149.

MEIN TIPP:

Butterstückchen lassen sich prima auf Vorrat produzieren. Dazu die vollständig tiefgekühlten Stücke aus der Silikonform drücken und bis zur Verwendung in einem Frischhaltebeutel im Tiefkühlfach aufbewahren. Ideal auch zum Kochen, für Gemüse oder eine Sauce.

ROASTBEEF

mit Senfkruste

Für vier Männer:

Für das Fleisch:

- Rapsöl zum Braten
- 1,2 kg Roastbeef am Stück (ohne Fett und Sehnen)
- Salz
- Pfefferkörner, grob geschrotet

Für die Senfkruste:

- 1 Bund krause Petersilie
- 3 Zweige Thymian (alternativ Rosmarin)
- 4 Scheiben Schwarzbrot
- 6 EL Dijon-Senf
- ½ TL brauner Zucker
- 1 EL weiche Butter
- Pfeffer aus der Mühle

ZUBEREITUNGSZEIT: **40 Minuten (+ 50 Minuten Garzeit)**

- Das Rapsöl in einer Pfanne erhitzen und das Roastbeef darin rundherum scharf anbraten. Herausnehmen, in eine Auflaufform legen und von allen Seiten mit Salz und grob geschrotetem Pfeffer kräftig würzen. Den Backofen auf 130 °C Umluft (150 °C Ober- und Unterhitze/Gas Stufe 1) vorheizen.

- Für die Kruste Petersilie und Thymian oder Rosmarin waschen, trockenschütteln, Blätter beziehungsweise Nadeln abzupfen und fein hacken. Brot grob schneiden und mit der Küchenmaschine oder im Blitzhacker zerkleinern. Petersilie, Thymian, Brot, Senf, Zucker und Butter gut verrühren und die Masse mit Salz und Pfeffer würzen.

- Die Senfmasse auf dem Roastbeef verteilen und leicht andrücken. Das Fleisch im heißen Ofen ca. 40 Minuten garen.

- Das Fleisch aus dem Ofen nehmen und die Grillfunktion einschalten. Sobald der Ofen ausreichend heiß ist, die Roastbeefkruste weitere 2–3 Minuten gratinieren.

- Das Fleisch aus dem Ofen nehmen und mit Alufolie locker abgedeckt 2–3 Minuten ruhen lassen, dann in Scheiben aufschneiden und servieren.

MEIN TIPP:

Zu diesem Gericht passt ein Spargelfrikassee ganz hervorragend.

·BAROLO·

BRATEN

Für vier Männer:

Für das Fleisch:

- 1,5 kg Rinderhüfte am Stück
- Olivenöl zum Braten
- Salz
- Pfeffer aus der Mühle
- 1 EL Tomatenmark
- 2 EL Mehl
- 2 l Gemüse- oder Rinderbrühe
- 200 g Pumpernickel
- 1 EL Honig
- 200 g tiefgekühlte Sauerkirschen
- 1 TL Speisestärke (nach Belieben)

Für die Marinade:

- 1 Bund Suppengrün (Möhren, Sellerie, Lauch)
- 3 Zwiebeln
- 2 Knoblauchzehen
- 150 g Rosinen
- 3 Zweige Rosmarin
- 1 Lorbeerblatt
- 3 Wacholderbeeren
- 2 Nelken
- 1 Stange Zimt
- 1 TL grober Steakpfeffer
- 1 ½ Flaschen Barolo oder ähnlicher Rotwein (à 0,7 l; 1 Flasche zum Kochen und ½ zum Genießen beim Kochen ...)

ZUBEREITUNGSZEIT: 30 Minuten (+ 30 Minuten Garzeit)

- Am Vortag die Rinderhüfte in eine Schüssel legen. Suppengrün waschen, putzen und klein schneiden. Zwiebeln und Knoblauch abziehen und in grobe Würfel schneiden. Suppengrün, Zwiebel- und Knoblauchwürfel, die Hälfte der Rosinen sowie die restlichen Zutaten für die Marinade zum Fleisch geben – es muss komplett bedeckt sein. Das Ganze abgedeckt über Nacht im Kühlschrank kalt stellen.

- Am nächsten Tag den Backofen auf 170 °C Umluft (190 °C Ober- und Unterhitze/Gas Stufe 3) vorheizen. Fleisch aus der Marinade heben und mit Küchenpapier abtupfen. Sud durch ein feines Sieb gießen und auffangen. Fleisch in einem Bräter im heißen Olivenöl von allen Seiten anbraten. Herausnehmen und mit Salz und Pfeffer würzen. Nun die abgetropfte Einlage im Bräter ebenfalls anrösten. Tomatenmark einrühren und kräftig mitrösten. Mit einem Drittel der Marinade ablöschen und die Flüssigkeit einkochen, bis sie karamellisiert. Mit Mehl bestäuben und gut durchrühren, dann mit restlicher Marinade und Gemüse- oder Rinderbrühe auffüllen und alles zum Kochen bringen.

- Den Pumpernickel in der Küchenmaschine oder im Blitzhacker zerkleinern, zwei Drittel davon mit dem Honig zur Sauce geben. Fleisch in den Sud legen, Deckel auflegen und das Ganze im heißen Ofen 2,5 Stunden garen. Ofen anschließend ausschalten.

- Das Fleisch aus dem Sud heben und in Alufolie gewickelt im ausgeschalteten Ofen warm halten. Sauce durch ein feines Sieb in einen neuen Topf gießen und aufkochen. Restliche Rosinen, Sauerkirschen und restlichen Pumpernickel hinzugeben und mit Salz und Pfeffer abschmecken. Die Sauce bei kleiner Hitze 15 Minuten ziehen lassen, kurz vor dem Servieren nochmals aufkochen und nach Belieben mithilfe von etwas mit wenig kaltem Wasser glatt gerührter Speisestärke binden.

- Das Fleisch in Scheiben aufgeschnitten auf Tellern anrichten und mit Sauce beträufelt servieren.
  Dazu passt wunderbar ein Rosenkohl-Gemüse.

OSSOBUCO

~ schnell ~

Für vier Männer:

Für das Fleisch:
- 4 Beinscheiben vom Kalb (à ca. 350 g)
- 1 Bund Suppengrün (Möhren, Sellerie, Lauch)
- 2 Süßkartoffeln
- 2 gelbe Paprikaschoten
- 1 rote Chilischote
- 2 rote Zwiebeln
- 1 Knoblauchzehe, 500 g Tomaten
- 100 g getrocknete Aprikosen
- 2 Zweige Rosmarin
- Salz, 4 EL Mehl
- Olivenöl zum Braten
- Pfeffer aus der Mühle
- 1 EL Paprikapulver rosenscharf
- 1 Lorbeerblatt
- Abrieb von 1 Bio-Zitrone
- 1 TL Pfefferkörner, grob zerstoßen
- 0,5 l Weißwein
- 1 l Gemüse- oder Fleischbrühe
- 1 EL Butter
- Muskatnuss, frisch gerieben
- Speisestärke (nach Belieben)

Für die Gremolata:
- 2 Schalotten
- 1 Knoblauchzehe
- 1 Bund krause Petersilie
- 1 Bio-Zitrone

Außerdem:
- Schnellkochtopf

ZUBEREITUNGSZEIT: 45 Minuten (+ 1 Stunde Garzeit)

- Die Beinscheiben kalt abspülen und mit Küchenpapier trockentupfen. Fettrand ein wenig einschneiden, so biegt sich das Fleisch später beim Garen nicht durch.

- Das Suppengrün waschen und putzen. Kartoffeln schälen, waschen und mit dem Suppengrün in Würfel schneiden. Paprika und Chili waschen, halbieren, entkernen und ohne Stielansatz in Würfel schneiden. Zwiebel und Knoblauch abziehen und fein würfeln. Tomaten waschen und ohne Stielansatz würfeln. Aprikosen ebenfalls klein schneiden. Rosmarin waschen, trockenschütteln, Nadeln abzupfen und fein hacken.

- Die Beinscheiben mit Salz würzen, im Mehl wenden und in einer Pfanne im heißen Olivenöl von beiden Seiten anbraten. Mit Salz und Pfeffer würzen.

- In der Zwischenzeit Suppengrün, Paprika, Chili, Kartoffeln, Zwiebeln und Knoblauch in etwas Olivenöl im Schnellkochtopf anschwitzen. Tomaten, Aprikosen, Rosmarin, Lorbeer, Zitronenabrieb und Pfeffer hinzugeben, alles kräftig erhitzen und mit Salz würzen. Weißwein und Brühe hinzugeben. Beinscheiben in den Sud legen.

- Den Schnellkochtopf nach Anleitung verschließen, Schnellkochstufe einstellen und alles bei starker Hitze aufkochen. Sobald die gewünschte Temperatur erreicht ist, Hitze reduzieren und Topfinhalt 35–40 Minuten langsam garen. Kurz vor Ende der Garzeit den Backofen auf 130 °C Umluft (150 °C Ober- und Unterhitze/Gas Stufe 1) vorheizen.

- Topf nach Anleitung abdampfen lassen und vorsichtig öffnen. Fleisch herausnehmen, in eine große Auflaufform legen, mit Alufolie abdecken und im heißen Ofen warmhalten.

- Butter zum Gemüse geben und das Ganze mit Muskatnuss, Salz und Pfeffer nochmals gut abschmecken. Sollte die Sauce zu dünn sein, mit etwas Speisestärke binden oder ein wenig vom Gemüse pürieren und wieder dazugeben.

- Für die Gremolata Schalotten und Knoblauch abziehen. Petersilie waschen und trockenschütteln. Zitrone heiß abspülen und trockenreiben. Schale hauchdünn herunterschneiden. Alles zusammen in der Küchenmaschine oder im Blitzhacker fein mixen, alternativ alles zusammen mit einem großen Messer fein hacken.

- Das Gemüse mit der Sauce über die Beinscheiben in der Auflaufform geben und das Ganze mit Gremolata bestreut servieren. Dazu passt ein Risotto perfekt.

T-BONE-STEAKS

· RÜCKWÄRTS GEGART ·

Für vier Männer:

Für die Country Potatoes:
- 1 kg mittelgroße vorwiegend festkochende Kartoffeln
- 200 g Maisgrieß
- 1 TL Paprikapulver rosenscharf
- Salz
- 1 TL weißer Pfeffer aus der Mühle
- 3 EL Olivenöl
- 3 EL Sweet-Chili-Sauce oder BBQ-Sauce

Für das Fleisch:
- 4 T-Bone-Steaks (US-Beef; à ca. 800 g)
- Rapsöl zum Braten
- Salz
- Pfefferkörner, grob geschrotet

ZUBEREITUNGSZEIT: **20 Minuten (+ 1,5 Stunden Garzeit)**

- Den Backofen auf 180 °C Umluft (200 °C Ober- und Unterhitze/Gas nicht empfohlen) anheizen.
- Die Kartoffeln gründlich abbürsten und waschen, dann mit Schale in Spalten schneiden. Maisgrieß, Paprikapulver, 1 TL Salz und Pfeffer gut vermischen. Kartoffeln in einer Schüssel mit Olivenöl und Sweet-Chili-Sauce oder BBQ-Sauce vermengen.
- Die Kartoffelspalten in kleinen Portionen in einer zweiten Schüssel in der Maisgrieß-Mischung wenden, am besten einen Deckel auflegen und gut durchschütteln. Kartoffelspalten auf einem mit Backpapier belegten Backblech verteilen – am besten die Spalten einzeln aufstellen. Kartoffeln im heißen Ofen 30 Minuten vorbacken, dann herausnehmen, Backofentür geöffnet lassen und die Temperatur auf 80 °C Umluft (100 °C Ober- und Unterhitze) reduzieren.
- Das Fleisch mit Rapsöl einpinseln, mit Salz würzen und im Ofen auf dem Grillrost 40 Minuten vorgaren. Die letzten 5 Minuten die Temperatur wieder auf 180 °C Umluft (200 °C Ober- und Unterhitze) anheizen. Fleisch herausnehmen. Kartoffeln wieder in den Ofen geben und die Temperatur auf 220 °C Umluft (240 °C Ober- und Unterhitze) erhöhen.
- Das Öl in einer Pfanne erhitzen. Die T-Bone-Steaks darin nacheinander scharf anbraten, bis die Oberfläche knusprig wird. Fleisch mit Salz und Pfeffer gut würzen und wieder auf den Grillrost legen. Wenn alle Steaks angebraten sind, das Fleisch auf dem Rost noch einmal 3 Minuten in den heißen Ofen schieben.
- Die T-Bone-Steaks mit den Country Potatoes zusammen servieren. Dazu passt ein knackiger Salat mit American Dressing.

MEIN TIPP:

Durch die unterschiedlichen Garzeiten müssen wir hier mit dem Fleisch und den Kartoffeln ein wenig spielen. Generell können Sie das Fleisch bei 80 °C Umluft (100 °C Ober- und Unterhitze) langsam im Ofen vorgaren und dann später nur noch bei starker Hitze kurz anbraten oder grillen. Ideal ist das, wenn viele Leute zum Grillen kommen. Das können Sie natürlich auch mit anderen Grillstücken so machen.

— BŒUF —

Bourguignon

Für vier Männer::

Für das Fleisch:
- -1,5 kg Rindfleisch zum Schmoren
- -200 g durchwachsener Räucherspeck
- -2 Zwiebeln
- -Rapsöl zum Braten
- -Salz
- -Pfeffer aus der Mühle
- -1 EL Tomatenmark
- -2 EL Mehl
- -250 g Perlzwiebeln (aus dem Glas)
- -Butter zum Braten
- -200 g Champignons
- -Petersilie zum Bestreuen

Für die Marinade:
- -1 Zwiebel
- -1 Knoblauchzehe
- -3 Zweige Thymian
- -2 Stängel Petersilie
- -1 Lorbeerblatt
- -3 Wacholderbeeren
- -1 TL grober Steakpfeffer
- -1 Flasche Burgunder oder ähnlicher französischer Rotwein (à 0,7 l)

ZUBEREITUNGSZEIT: **30 Minuten (+ 3 Stunden Garzeit + mind. 8 Stunden Marinierzeit)**

- Am Vortag das Rindfleisch mit Küchenpapier abtupfen, in 5 x 5 Zentimeter große Würfel schneiden und in eine Schüssel geben. Für die Marinade Zwiebel und Knoblauch abziehen und klein schneiden. Thymian und Petersilie waschen und trockenschütteln. Alle Marinadenzutaten zum Fleisch geben, mit dem Rotwein auffüllen, gut durchrühren, mit Frischhaltefolie abdecken und mindesten 8 Stunden – am besten über Nacht – ziehen lassen.

- Am nächsten Tag das Fleisch aus dem Sud nehmen (Sud aufbewahren!) und abtropfen lassen. Durchwachsenen Räucherspeck in Würfel schneiden. Zwiebeln abziehen, fein würfeln und mit den Speckwürfeln in einem Bräter ohne Fett langsam anbraten, dann herausnehmen.

- Das Rindfleisch mit Küchenpapier abtupfen und in etwas Rapsöl von allen Seiten scharf anbraten. Fleisch mit Salz und Pfeffer würzen, Tomatenmark einrühren und kurz mitrösten. Speck und Zwiebeln wieder dazugeben, mit Mehl bestäuben und alles gut durchrühren. Rotweinsud samt Einlage angießen und alles langsam zum Kochen bringen, dabei gelegentlich gut durchrühren. Hitze reduzieren, Deckel auflegen und das Fleisch bei kleiner Hitze ca. 2 Stunden köcheln lassen, dabei gelegentlich umrühren.

- Die Perlzwiebeln in einer Pfanne mit Butter langsam karamellisieren und zum Fleisch geben. Champignons mit Küchenpapier oder einem Pinsel trocken abreiben, Enden kappen und größere Köpfe halbieren. Pilze ebenfalls in der Pfanne in Butter anbraten, mit Salz und Pfeffer würzen und zum Fleisch geben. Alles weitere 20 Minuten kochen lassen, dann mit 1 Prise Zucker, Salz und Pfeffer abschmecken.

- Das Bœuf Bourguignon auf Tellern anrichten und mit Petersilie bestreut servieren. Dazu passen selbst gemachte Semmel- oder Baguetteknödel hervorragend.

MEIN TIPP:

Dies ist ein tolles Gericht, um es im Idealfall bereits am Vortag schon zuzubereiten. Denn dann entfaltet sich sein Aroma umso mehr. Anstelle von Rindfleisch können Sie zum Beispiel auch Lammfleisch verwenden.

BOLOGNESE

»Tomasio«

Für vier Männer:

Für die Sauce:

-1,2 kg gemischtes Hackfleisch
-5 EL Olivenöl zum Braten
-3 rote Zwiebeln
-2 Knoblauchzehen
-3 EL Tomatenmark
-1 EL Paprikapulver rosenscharf
-2 Dosen gehackte Tomaten bzw. Pizzatomaten (à 400 g)
-1 Lorbeerblatt
-2 Zweige Thymian
-3 Möhren
-½ Kopf Sellerie
-1 Lauchstange
-Zucker
-Salz
-Pfefferkörner, grob geschrotet
-1 Bund glatte Petersilie

Für die Nudeln:

-750 g Spaghetti
-Parmesan, frisch gerieben
-frisches Baguette
-4 Gläser Wein

ZUBEREITUNGSZEIT: **30 Minuten (+ 1 Stunde Garzeit)**

- Das Hackfleisch in einem Topf mit dem Olivenöl bei starker Hitze scharf anbraten, dabei gut durchrühren, damit es bröselig wird. Zwiebeln und Knoblauch abziehen, fein würfeln und dazugeben. Tomatenmark einrühren, kurz kräftig mitbraten, dann das Ganze mit Paprikapulver bestäuben.
- Die gehackten Tomaten dazugeben, beide Dosen mit Wasser auffüllen und angießen. Lorbeerblatt und gewaschenen Thymian dazugeben, alles einmal aufkochen und dann bei kleiner Hitze 30 Minuten köcheln lassen, dabei gelegentlich durchrühren.
- Möhren und Sellerie schälen, mit dem Lauch putzen, waschen und in kleine Würfel schneiden. Gemüsewürfel zur Sauce dazugeben und mit 1 Prise Zucker, Salz und Pfeffer würzen. Das Ganze bei kleiner Hitze weitere 30 Minuten langsam köcheln lassen.
- In der Zwischenzeit die Spaghetti in reichlich Salzwasser nach Packungsangabe bissfest garen. Petersilie waschen, trockenschütteln, Blätter abzupfen und fein hacken.
- Die Nudeln abgießen und in eine große vorgewärmte Schüssel geben. Bolognese noch einmal mit Zucker, Salz und Pfeffer abschmecken, dann nach und nach zu den Nudeln geben und alles gut durchmengen. Abschließend Petersilie unterheben.
- Die Spaghetti auf tiefe Teller verteilen und mit frisch geriebenem Parmesan, Baguette und einem Glas Wein genießen.

MEIN TIPP:

Wer möchte, kann zusätzlich gehackte Chilischote dazugeben. Natürlich können Sie die Bolognese auch nach 30 Minuten fertig auf den Tisch bringen, jedoch braucht eine gute Sauce viel Liebe und etwas mehr Kochzeit.
Wer mag, kann aus diesem Rezept schnell ein Chili zubereiten. Dazu einfach ein paar Kidneybohnen, Mais, Paprika, Chili und etwas Chili-con-carne-Gewürz dazugeben.

KALBFLEISCHRÖLLCHEN

IN STEINPILZSAUCE

Für vier Männer::

Für das Fleisch:
- 20 g getrocknete Steinpilze
- 250 g kleine Champignons
- 1 Bund Frühlingszwiebeln
- 1 Bund Schnittlauch
- 2 Schalotten
- 8 kleine dünne Kalbsschnitzel (à ca. 70 g; aus dem Rücken)
- Salz
- Pfeffer aus der Mühle
- 8 Scheiben gekochter Schinken
- 8 kleine Stücke Gruyère (gesamt ca. 100 g)
- 2 EL Butterschmalz
- 4 EL Madeira
- 400 g Sahne
- 1 EL eiskalte Butterwürfel
- Zucker

Außerdem:
- Zahnstocher

ZUBEREITUNGSZEIT: 25 Minuten (+ 35 Minuten Garzeit)

- Die Steinpilze gründlich abspülen und in ½ Liter lauwarmem Wasser 15 Minuten einweichen. In der Zwischenzeit Champignons mit Küchenpapier oder einem Pinsel trocken abreiben, Enden kappen und größere Köpfe halbieren. Frühlingszwiebeln waschen, putzen und schräg in Ringe schneiden. Schnittlauch waschen, trockenschütteln und in feine Röllchen schneiden. Schalotten abziehen und fein würfeln.

- Die Fleischscheiben zwischen zwei Frischhaltebeutel legen und mit der glatten Seite des Fleischklopfers oder einem kleinen schweren Stieltopf sehr dünn plattieren. Fleisch von beiden Seiten mit Salz und Pfeffer würzen. Mit je 1 Schinkenscheibe und 1 Käsestück belegen, seitliche Schnitzelränder zur Mitte hin über den Käse schlagen und die Scheiben fest aufrollen. Enden jeweils mit einem Zahnstocher fixieren. Steinpilze leicht ausdrücken, fein hacken und das Einweichwasser durch ein feines Sieb gießen.

- Das Butterschmalz in einer Pfanne erhitzen und die Röllchen darin bei mittlerer Hitze goldbraun anbraten. Schalotten, Steinpilze und Champignons dazugeben und kurz mitbraten. Mit dem Einweichwasser der Steinpilze und Madeira ablöschen. Die Sahne angießen, alles mit Salz und Pfeffer leicht würzen und bei geschlossenem Deckel und kleiner Hitze ca. 35 Minuten langsam schmoren.

- Die Röllchen aus der Pfanne nehmen, Frühlingszwiebeln dazugeben und die Sauce mit den eiskalten Butterwürfeln binden. Die Schnittlauchröllchen einrühren und das Ganze mit Salz und Pfeffer abschmecken.

- Die Röllchen zurück in die Sauce geben und beides zusammen servieren.

MEIN TIPP:

Sie können die Röllchen auch geschmacklich variieren, z.B. mit getrockneten Aprikosen und Salbei.
Wenn Sie die Sauce mit den eiskalten Butterwürfeln binden, verleihen Sie ihr Glanz und Vollmundigkeit. Allerdings sollten Sie sie nicht noch einmal aufkochen.

SCHNITZEL

einfach gut

Für vier Männer:

Für das Fleisch:
- 4 dünne Kalbsschnitzel (à ca. 150 g; aus der Oberschale)
- Salz
- Pfeffer aus der Mühle
- 5 EL Mehl
- 2 Eier
- 200 g Semmelbrösel (am besten frisch vom Bäcker oder selbst gemacht)
- 4–6 EL Butterschmalz
- Zitronenspalten zum Servieren
- Sardellenfilets zum Servieren

ZUBEREITUNGSZEIT: 20 Minuten (+ 10 Minuten Garzeit)

- Den Backofen auf 100 °C Umluft (120 °C Ober- und Unterhitze/Gas Stufe 1) vorheizen. Die Kalbsschnitzel zwischen zwei Frischhaltebeutel legen und mit der glatten Seite des Fleischklopfers oder einem kleinen schweren Stieltopf plattieren. Das Fleisch von beiden Seiten mit Salz und Pfeffer würzen.

- Mehl, Eier und Semmelbrösel in je eine Schüssel geben. Die Eier gut verquirlen. Das Butterschmalz in einer Pfanne langsam erhitzen.

- Die Fleischscheiben erst in Mehl wenden, dann durch das verquirlte Ei ziehen und zum Schluss in den Bröseln wälzen. Schnitzel nacheinander im heißen Butterschmalz von beiden Seiten je 2 Minuten schwimmend braten. Herausnehmen, auf Küchenpapier abtropfen lassen und im heißen Ofen warm stellen.

- Die Schnitzel auf vorgewärmten Tellern anrichten. Klassisch dazu eine Zitronenspalte und Sardellenfilets servieren.
  Dazu passen Kartoffelsalat oder Bratkartoffeln mit Gurkensalat.

PANADEN-VARIATIONEN:

- **Virginia-Schnitzel**
  200 g Semmelbrösel mit ½ TL schwarzem Pfeffer, ½ TL Paprikapulver, 1 TL Thymianblättchen, 1 Messerspitze Lebkuchengewürz und 1 Messerspitze Knoblauchpulver mischen – ideal auch für Hähnchenschnitzel oder -nuggets.

- **Thai-Schnitzel**
  200 g Semmelbrösel mit 3 gehackten Kaffir-Limettenblättern, ¼ TL Chiliflocken, ½ TL Szechuan-Pfeffer, ¼ TL zerstoßenen Koriandersamen, ¼ TL Ingwerpulver und dem Abrieb von 1 Bio-Limette mischen.

- **Toscana-Schnitzel**
  200 g Semmelbrösel mit ½TL Paprikapulver, 1 TL Kräutern der Provence, ¼ TL weißem Pfeffer und 1 Messerspitze Knoblauchpulver mischen.

SCALOPPINE

– al limone –

Für vier Männer::

Für das Fleisch:

- 8 kleine dünne Kalbsschnitzel (à ca. 70 g; aus dem Rücken)
- 3 EL Mehl
- Salz
- Pfeffer aus der Mühle
- 3 EL Butterschmalz
- 1 Schalotte
- 100 ml Weißwein
- Saft und Abrieb von 1 Bio-Zitrone
- 1 EL Crème fraîche
- 2 EL kleine Kapern
- ½ Bund krause Petersilie oder Liebstöckel
- 100 g eiskalte Butterwürfel
- Zucker

ZUBEREITUNGSZEIT: 20 Minuten (+ 10 Minuten Garzeit)

- Die Fleischscheiben halbieren, zwischen zwei Frischhaltebeutel legen und mit der glatten Seite des Fleischklopfers oder einem kleinen schweren Stieltopf plattieren. Den Backofen auf 100 °C Umluft (120 °C Ober- und Unterhitze/Gas Stufe 1) vorheizen.

- Das Mehl mit Salz und Pfeffer gut würzen. Fleischstücke im Mehl wenden – überschüssiges Mehl abklopfen – und im heißen Butterschmalz 1 Minute pro Seite goldbraun braten. Fleisch auf einem Teller im Ofen warm stellen.

- Die Schalotte abziehen, fein würfeln und im Fett der Fleischpfanne anschwitzen. Mit Weißwein und Zitronensaft ablöschen, die Flüssigkeit leicht einkochen, dann Zitronenabrieb, Crème fraîche und Kapern einrühren.

- Petersilie oder Liebstöckel waschen, trockenschütteln, die Blätter abzupfen, fein hacken und zur Sauce geben. Zum Schluss die eiskalten Butterwürfel einrühren – die Sauce darf jetzt nicht mehr kochen – und das Ganze mit 1 Prise Zucker, Salz und Pfeffer abschmecken.

- Fleisch in die Sauce legen, kurz durchziehen lassen und servieren. Dazu passen Salzkartoffeln oder das Kartoffelpüree von Seite 153 und die Brokkoli-röschen aus dem Tipp.

MEIN TIPP:

Sie können die Scaloppine auch variieren und anstelle von Zitrone zum Beispiel mit Trüffelöl oder Marsala, Steinpilzen oder Tomaten zubereiten.
Dazu passen Brokkoliröschen mit Mandelbutter: Hierfür 600 g geputzte und gewaschene Brokkoliröschen in Salzwasser 4–5 Minuten blanchieren. 2 EL Mandelblättchen in einer beschichteten Pfanne ohne Fett bei mittlerer Hitze goldbraun rösten. 2 EL Butter hinzugeben und das Ganze mit frisch geriebener Muskatnuss, Salz und Pfeffer würzen. Brokkoli in ein Sieb abgießen, abtropfen lassen und in der Mandelbutter schwenken. Fertig!

SCHWEINEFILET

MIT GAZPACHO-GEMÜSE

Für vier Männer::

Für das Fleisch:

- 2 Filets vom Ibérico-Schwein (à 300 g; ohne Fett und Sehnen)
- Butterschmalz zum Braten
- 2 EL gute Pfefferkörner (z.B. Tasmanischer Pfeffer oder bunte Mischung)
- Fleur de Sel

Für das Gazpacho-Gemüse:

- je 2 rote und gelbe Paprikaschoten
- 1 Salatgurke
- 1 rote Zwiebel
- 1 Knoblauchzehe
- 200 g Kirschtomaten
- 2 EL Olivenöl
- 200 ml Tomatensaft
- Abrieb von 1 Bio-Limette
- ½ TL getrockneter Oregano
- Zucker
- Salz
- Pfeffer aus der Mühle
- guter alter cremiger dunkler Aceto balsamico
- gutes Olivenöl

ZUBEREITUNGSZEIT: **30 Minuten (+ 30 Minuten Garzeit)**

- Den Backofen auf 130 °C Umluft (150 °C Ober- und Unterhitze/Gas Stufe 1) vorheizen. Schweinefilets mit Küchenpapier abtupfen und in etwas Butterschmalz kräftig anbraten. Pfeffer im Mörser fein zerstoßen und auf einen großen flachen Teller geben. Schweinefilet aus der Pfanne nehmen, durch den Pfeffer rollen und mit Fleur de Sel leicht salzen. Fleisch in einer Auflaufform im heißen Ofen 25 Minuten garen.

- In der Zwischenzeit für das Gazpacho-Gemüse Paprikaschoten waschen, vierteln und entkernen. Gurke schälen, waschen, längs halbieren und mit einem Löffel entkernen. Paprika und Gurke würfeln. Zwiebel und Knoblauch abziehen und in feine Würfel schneiden. Kirschtomaten waschen und halbieren.

- Das Olivenöl in einer Pfanne erhitzen und die Zwiebel- und Knoblauchwürfel darin anbraten. Tomatensaft angießen und leicht einköcheln. Kurz vor dem Servieren Paprika- und Gurkenwürfel, Kirschtomatenhälften und Limettenabrieb dazugeben und alles 2–3 Minuten kochen. Das Gemüse mit Oregano, 1 Prise Zucker, Salz und Pfeffer abschmecken.

- Die Schweinefilets aus dem Ofen nehmen, abgedeckt kurz ruhen lassen, dann in Scheiben aufschneiden. Die Scheiben kurz auf Küchenpapier setzen und den Fleischsaft abtropfen lassen (damit er später nicht auf den Teller läuft – das mögen viele Frauen nämlich nicht ...).

- Das Schweinefilet mit dem Gazpacho-Gemüse auf Tellern anrichten und mit Aceto balsamico sowie etwas Olivenöl beträufelt servieren.

MEIN TIPP:

Dazu schmeckt ein Erbsenpüree lecker. Hierzu 2 Schalotten abziehen und in feine Würfel schneiden. Schalottenwürfel und 250 g tiefgekühlte Erbsen in 2 EL heißem Olivenöl anschwitzen. 200 g Sahne angießen. Das Ganze mit frisch geriebener Muskatnuss, Salz und Pfeffer würzen und bei mittlerer Hitze 10 Minuten köcheln lassen. 1 EL Butter unterheben und die Erbsen mit dem Stabmixer fein pürieren. 1 EL Kartoffelpüreeflocken einrühren, das Püree noch einmal kurz erhitzen und mit 1–2 EL Anisschnaps (z.B. Pernod), Salz und Pfeffer abschmecken.

KRUSTENBRATEN

– MIT BIERSAUCE –

Für vier Männer:

Für das Fleisch:

- 1,5 kg Schweineschulter mit Schwarte
- 2 TL Kümmelsamen
- Salz
- Pfeffer aus der Mühle
- 1 Bund Suppengrün (Möhren, Sellerie, Lauch)
- 2 Zwiebeln
- 1 Lorbeerblatt
- 4 Wacholderbeeren
- 2 Flaschen Bier (à 0,5 l; eine zum Kochen, eine zum Durstlöschen)
- 2 EL Honig
- 2 EL Crème fraîche
- 1 TL Dijon-Senf
- ½ TL Worcestersauce
- Saft von ½ Zitrone
- Zucker
- Speisestärke (nach Belieben)

ZUBEREITUNGSZEIT: **30 Minuten (+ 3 Stunden Garzeit)**

- Im Wasserkocher ca. 750 Milliliter Wasser erhitzen. Den Backofen auf 130 °C Umluft (150 °C Ober- und Unterhitze/Gas Stufe 1) vorheizen.

- Die Schweineschulter mit 1 Teelöffel Kümmelsamen, Salz und Pfeffer kräftig würzen. Das Fleisch mit der Schwarte nach unten in einen Bräter legen, heißes Wasser rundherum einfüllen, aber nicht die Gewürze herunterspülen. Die Schwarte sollte im Wasser liegen. Das Fleisch im heißen Ofen 2 Stunden langsam garen.

- Das Suppengrün waschen, putzen und kleinschneiden. Zwiebeln waschen und mit Schale klein schneiden. Braten aus dem Bräter nehmen und Schwarte rautenförmig einschneiden. Das Fleisch mit der Schwarte nach oben wieder in den Bräter setzen. Suppengrün, Zwiebeln, Lorbeerblatt und Wacholderbeeren um den Braten herum verteilen. 1 Flasche Bier angießen. Braten 1 weitere Stunde im Ofen garen.

- Den Braten aus dem Ofen nehmen und auf einen Gitterrost legen (ein mit Backblech ausgelegtes Backblech unterstellen). Die Backofentemperatur auf 200 °C Umluft (220 °C Ober- und Unterhitze/Gas Stufe 4–5) erhöhen. Krustenbraten im heißen Ofen weitere ca. 30 Minuten kross backen.

- Den Krustenbraten herausnehmen und mit Alufolie abgedeckt ca. 15 Minuten ruhen lassen. In dieser Zeit den Bratensud durch ein feines Sieb in einen zweiten Topf gießen und nochmals aufkochen. Restliche Kümmelsamen hinzugeben und die Flüssigkeit auf zwei Drittel der Menge einkochen. Crème fraîche einrühren und die Sauce mit Dijon-Senf, Worcestersauce, Zitronensaft, 1 Prise Zucker, Salz und Pfeffer abschmecken. Nach Belieben Speisestärke mit wenig kaltem Wasser glattrühren, die Sauce damit binden und mit dem Stabmixer kurz „aufmontieren“.

- Den Krustenbraten aufschneiden und zusammen mit der Biersauce servieren.

FILETSTREIFEN

MIT PFLAUMENSAUCE UND ASIANUDELN

Für vier Männer:

Für Fleisch und Nudeln:
- 600 g Schweinefilet
- Salz, Pfeffer aus der Mühle
- 300 g asiatische Eiernudeln
- Rapsöl zum Braten

Für die Marinade:
- 1 EL Speisestärke
- 5 EL Teriyaki-Sauce
- 3 EL Sojasauce
- 2 EL Fischsauce (Asialaden)
- 1 TL Wasabipaste (Asialaden)

Für die Sauce:
- 250 g tiefgekühlte Pflaumen
- 50 ml Himbeeressig
- 6 EL Sojasauce
- 1 walnussgroßes Stück frische Ingwerwurzel
- 1 Knoblauchzehe
- 1 rote Chilischote
- 8 Stängel Koriandergrün
- ½ TL Szechuan-Pfeffer
- 1 Nelke, 1 EL brauner Zucker
- ½ TL Lebkuchengewürz

Für das Gemüse:
- 150 g Zuckerschoten
- 2 Möhren
- 1 Bund Frühlingszwiebeln
- 3 EL Cashewkerne
- Salz, Cayennepfeffer
- 1 Handvoll Mungobohnensprossen (oder Sojasprossen)

ZUBEREITUNGSZEIT: 30 Minuten (+ 35 Minuten Garzeit)

- Das Schweinefilet von Fett und Sehnen befreien, längs halbieren und in dünne Streifen schneiden. Fleisch in einer Schüssel mit Salz und Pfeffer würzen. Alle Marinadenzutaten gut verrühren, über das Fleisch geben und das Ganze vermengen.

- Für die Sauce Pflaumen, Essig und Sojasauce in einem Topf langsam erhitzen. Ingwer und Knoblauch schälen, Chilischote und Koriandergrün waschen und grob schneiden. Die Hälfte vom Koriandergrün für die Garnitur beiseitelegen. Ingwer, Knoblauch, Chili, Koriander, Szechuan-Pfeffer, Nelke, braunen Zucker und Lebkuchengewürz mit dem Stabmixer pürieren, zu den Pflaumen geben und alles ca. 10 Minuten einkochen.

- Währenddessen die asiatischen Eiernudeln in einer Schüssel mit warmem Wasser 10 Minuten einweichen. Für das Gemüse Zuckerschoten waschen, putzen und schräg halbieren. Möhren schälen, waschen und in Stifte schneiden. Frühlingszwiebeln waschen, putzen und schräg in feine Ringe schneiden.

- Die Cashewkerne in einer Pfanne mit wenig Rapsöl rösten, dann in eine Schüssel umfüllen und mit Salz und Cayennepfeffer würzen.

- Ein Drittel der Filetstreifen in einer Pfanne im heißen Rapsöl kurz scharf anbraten. Herausnehmen und mit restlichem Fleisch ebenso verfahren. Zuckerschoten und Möhren in der Fleischpfanne ganz kurz anbraten und ebenfalls herausnehmen.

- Die Sauce noch einmal mit dem Stabmixer pürieren und mit Sojasauce abschmecken. Nudeln abgießen und trockentupfen. In der Pfanne wieder etwas Öl erhitzen und die Nudeln darin kurz scharf anbraten. Fleisch, Gemüse und Mungobohnensprossen hinzugeben, etwas Sauce einrühren und alles zusammen erhitzen. Übrige Sauce in eine Schüssel geben.

- Die Nudelpfanne auf vorgewärmten Tellern anrichten und das Ganze mit Koriandergrün, Frühlingszwiebelringen und Cashewkernen bestreut servieren. Die restliche Sauce separat dazu reichen.

MEIN TIPP:

Nudeln beim Anbraten nur wenig wenden, dann werden sie schneller schön kross.

LAMMKRONE

mit Kräuterhaube

Für vier Männer:

Für die Balsamico-Schalotten:

- 500 g kleine Schalotten
- 4 Zweige Thymian
- 1 EL Butter
- 4 Wacholderbeeren
- Salz
- Pfeffer aus der Mühle
- 1 EL brauner Zucker
- 2 EL Zuckerrübensirup
- 400 ml Rotwein
- 100 ml dunkler Aceto balsamico

Für das Fleisch:

- 3–4 Stück Lammrücken mit Knochen (à ca. 200 g; ohne Fett und Silberhaut)
- Olivenöl zum Braten
- 1 Bund Basilikum
- 1 Bund glatte Petersilie
- 6 Scheiben Toastbrot
- 1 Ei
- 1 EL Dijon-Senf
- 1 TL weiche Butter

ZUBEREITUNGSZEIT: 30 Minuten (+ 35 Minuten Garzeit)

- Die Schalotten abziehen. Den Thymian waschen und trockenschütteln. Die Butter in einer beschichteten Pfanne erhitzen, Schalotten, Thymian und Wacholderbeeren dazugeben und mit Salz und Pfeffer würzen. Das Ganze mit Zucker betreuen und diesen goldbraun karamellisieren. Zuckerrübensirup hinzufügen, Rotwein und Aceto balsamico angießen und das Ganze ca. 35 Minuten köcheln lassen, bis der Sud sirupartig eingekocht ist und die Schalotten weich sind.

- In der Zwischenzeit für das Fleisch den Backofen auf 130 °C Umluft (150 °C Ober- und Unterhitze/Gas Stufe 1) vorheizen. Den Lammrücken mit Küchenpapier abtupfen. Das Öl in einer Pfanne erhitzen und das Fleisch darin portionsweise scharf anbraten. Lammrücken auf ein mit Backpapier ausgelegtes Backblech legen, dann mit Salz und Pfeffer würzen.

- Basilikum und Petersilie waschen, trockenschütteln, Blätter abzupfen und fein hacken. Toastbrotscheiben entrinden, fein hacken und mit Basilikum und Petersilie, Ei, Dijon-Senf und Butter in einer Schüssel verrühren, dann mit Salz und Pfeffer kräftig abschmecken. Die Masse gleichmäßig auf dem Lammrücken verteilen, leicht andrücken und das Fleisch im heißen Ofen 25 Minuten langsam garen.

- Die Lammkrone mit Kräuterhaube auf Tellern anrichten und servieren. Die Balsamico-Schalotten separat dazu reichen. Dazu schmeckt selbst gemachtes Kartoffelpüree hervorragend.

MEIN TIPP:

Wenn Sie kleine Zwiebeln oder auch Knoblauch abziehen wollen, ritzen Sie diese an und legen sie einige Minuten in heißes Wasser. So können Sie die Schale bequem abziehen. Kochen Sie ruhig ein wenig mehr Balsamico-Schalotten und füllen Sie diese heiß in ein Einmachglas mit Twist-off-Schraubdeckel. Glas schnell verschließen. Im Kühlschrank halten sich die Schalotten so gut 2 Wochen lang und Sie haben zum BBQ ein super Chutney.

ORIENTALISCHE LAMMKOTELETTS

— MIT APRIKOSE & KÜRBIS —

Für vier Männer:

Für das Fleisch:

-12 Lammkoteletts (à ca. 100 g)
-Olivenöl zum Braten
-1 EL Ahornsirup
-Salz
-Pfeffer aus der Mühle
-1 kleiner Hokkaido-Kürbis
-4 festkochende Kartoffeln
-2 Zwiebeln
-1 Knoblauchzehe
-1 walnussgroßes Stück frische Ingwerwurzel
-1 rote Chilischote
-100 g geschälte Mandeln
-1 TL würziges indisches Currypulver
-¼ Zimtstange
-1 Sternanis
-1 Lorbeerblatt
-1 TL Ras el Hanout
-200 ml Apfelsaft
-500 ml Gemüse- oder Geflügelbrühe
-½ TL Speisestärke
-1 Bund Frühlingszwiebeln
-4 Stängel Koriandergrün
-100 g getrocknete Aprikosen
-Abrieb von 1 Bio-Zitrone
-1 EL Butter
-Saft von ½ Limette
-250 g Basmatireis
-1 Bund Minze

ZUBEREITUNGSZEIT: **30 Minuten (+ 30 Minuten Garzeit)**

- Die Lammkoteletts in einer Pfanne mit etwas Olivenöl scharf anbraten. Das Fleisch in eine Auflaufform geben, mit Ahornsirup bepinseln, mit Salz und Pfeffer würzen.

- Den Kürbis gründlich waschen, vierteln, entkernen und in Würfel schneiden. Kartoffeln schälen, waschen und würfeln. Zwiebeln und Knoblauch abziehen, längs halbieren und in Streifen schneiden. Ingwer schälen und fein hacken. Chilischote waschen und ohne Stielansatz im Ganzen in kleine Würfel schneiden. Den Backofen auf 220 °C Umluft (240 °C Ober- und Unterhitze/Gas Stufe 5–6) vorheizen.

- Die Mandeln in der Fleischpfanne in etwas Öl anrösten, herausnehmen. Kürbis- und Kartoffelwürfel, Zwiebel- und Knoblauchstreifen, Ingwer und Chili in etwas Olivenöl anrösten. Currypulver, Zimt, Sternanis, Lorbeerblatt und Ras el Hanout dazugeben und leicht mitrösten. Mit Apfelsaft ablöschen. Brühe und Speisestärke glattrühren, mit in die Pfanne geben und alles aufkochen.

- Die Frühlingszwiebeln waschen, putzen und schräg in grobe Ringe schneiden. Koriandergrün waschen, trockenschütteln, fein schneiden, dann mit Mandeln, Aprikosen, Zitronenabrieb und Butter zum Gemüse geben. Das Ganze mit Limettensaft, Salz und Pfeffer abschmecken. Pfanneninhalt über die Lammkoteletts geben und das Fleisch im heißen Ofen 15 Minuten garen.

- In der Zwischenzeit den Reis nach Packungsangabe garen. Minze waschen, trockenschütteln, Blätter abzupfen und fein hacken.

- Die Lammkoteletts mit Gemüse und Reis auf Teller verteilen und mit Minze bestreut servieren.

MEIN TIPP:

Lammkoteletts werden manchmal auch als Lammchops bezeichnet.

Sie können auf die oben beschriebene Weise natürlich auch Schweinekoteletts oder Hähnchenkeulen garen.

LAMMHAXEN

»rush to serve«

Für vier Männer::

Für das Fleisch:
-2 Lammhaxen (à ca. 500 g)
-1 rote Zwiebel
-1 Knoblauchzehe
-2 Zweige Rosmarin
-1 Lorbeerblatt
-2 EL Paprikapulver rosenscharf
-200 ml Rotwein
-1 l Gemüsebrühe
-Salz, Pfeffer aus der Mühle

Für die Sauce:
-1 Bund Suppengrün (Möhren, Sellerie, Lauch)
-2 rote Zwiebeln
-2 EL Rosinen
-3 EL Olivenöl
-2 EL Tomatenmark
-4 EL indisches Currypulver (oder unser selbst gemachtes Currypulver von Seite 99)
-8 EL Sojasauce
-1 Flasche dunkles Bier (0,5 l)
-2 EL Mehl
-1 l Gemüse- oder Fleischbrühe
-2 Zweige Rosmarin
-¼ TL Kümmelsamen
-1 EL Dijon-Senf
-4 EL Kirschmarmelade
-100 g getrocknete Feigen
-2 EL dunkler Aceto balsamico

Außerdem:
-Schnellkochtopf

ZUBEREITUNGSZEIT: **30 Minuten (+ 45 Min. Garzeit)**

- Die Lammhaxen kalt abspülen, mit Küchenpapier trockentupfen, mit einem Messer vier- bis fünfmal einstechen und in einen Schnellkochtopf geben. Zwiebel und Knoblauch abziehen und würfeln. Rosmarin waschen und trockenschütteln.

- Zwiebel- und Knoblauchwürfel, Rosmarin, Lorbeerblatt, Paprikapulver, Rotwein und Gemüsebrühe zum Fleisch geben, Schnellkochtopf nach Anleitung verschließen und alles bei starker Hitze ankochen, dann auf mittlere Temperatur reduzieren und das Fleisch ca. 30 Minuten garen.

- In der Zwischenzeit für die Sauce Suppengrün waschen, putzen und kleinschneiden. Zwiebeln abziehen und grob würfeln. Suppengrün, Zwiebeln und Rosinen im heißen Olivenöl scharf anbraten. Tomatenmark und Currypulver kurz mitrösten, mit Sojasauce sowie einem Drittel vom Bier ablöschen und die Flüssigkeit einkochen lassen. Mehl einstreuen, verrühren, mit restlichem Bier und der Brühe auffüllen. Rosmarin waschen, Nadeln fein hacken und mit Kümmelsamen, Senf und Kirschmarmelade zur Sauce geben. Alles ca. 20 Minuten bei kleiner Hitze köcheln lassen.

- Backofen auf 200 °C Umluft (220 °C Ober- und Unterhitze/Gas Stufe 4–5) vorheizen. Schnellkochtopf nach Anleitung abdampfen lassen, Haxen in eine Auflaufform geben, mit Salz und Pfeffer würzen und im heißen Ofen ca. 12 Minuten garen.

- Den restlichen Topfinhalt mit dem Stabmixer pürieren und durch ein feines Sieb in die Sauce streichen. Feigen in Streifen schneiden und zur Sauce geben. Sauce nochmals aufkochen, dann mit Aceto balsamico, Salz und Pfeffer abschmecken.

- Die Lammhaxen aus dem Ofen nehmen und in der heißen Sauce 5 Minuten ziehen lassen – rush to serve.

MEIN TIPP:

Wer keinen Schnellkochtopf hat, brät die Haxen kräftig an und kocht sie am besten 1–1,5 Stunden in einem Topf mit den Gewürzen und ein wenig Suppengrün.

Oder Sie schmoren die Haxen im Bräter bei 150 °C Umluft (170 °C Ober- und Unterhitze/ Gas Stufe 2) im Backofen mit den kompletten Zutaten zugedeckt ca. 3 Stunden.

COQ AU VIN

Für vier Männer::

Für das Fleisch:
- 8 Hähnchenkeulen
- 1 Bund Suppengrün (Möhren, Sellerie, Lauch)
- 1 Zwiebel
- 1 Knoblauchzehe
- 4 Zweige Thymian
- 1 Lorbeerblatt
- 10 Pfefferkörner
- 8 EL Sojasauce
- 0,7 l halbtrockener Weißwein
- Öl zum Braten
- Salz
- Pfeffer aus der Mühle
- 2 EL Mehl
- 1 l Gemüse- oder Geflügelbrühe
- 2 EL Dijon-Senf + mehr zum Abschmecken
- 200 g Sahne
- 200 g braune Champignons
- 1 Bund Frühlingszwiebeln
- 150 g Frühstücksspeck, gewürfelt
- Butter zum Braten

ZUBEREITUNGSZEIT: 30 Minuten (+ 40 Minuten Garzeit + 8 Stunden Marinierzeit)

- Am Vortag die Hähnchenkeulen kalt abspülen und mit Küchenpapier trockentupfen. Die Keulen im Gelenk trennen und in eine Schüssel geben. Suppengrün waschen, putzen und kleinschneiden. Zwiebel und Knoblauch abziehen und fein würfeln. Thymian waschen und trockenschütteln. Suppengrün, Zwiebel- und Knoblauchwürfel mit Thymian zum Hähnchen geben, Lorbeerblatt und Pfefferkörner hinzufügen, Sojasauce und Wein angießen. Schüssel abdecken und das Fleisch ca. 8 Stunden über Nacht im Kühlschrank kalt stellen.

- Am nächsten Tag die Hähnchenstücke aus dem Sud nehmen und mit Küchenpapier trockentupfen. Sud durch ein feines Sieb gießen, dabei auffangen. Hähnchenstücke in einem Bräter in etwas heißem Öl goldbraun anbraten. Mit Salz und Pfeffer würzen, dann herausnehmen. Suppengrün in dem Bräter scharf anrösten, mit einem Drittel vom Sud ablöschen und die Flüssigkeit verkochen lassen. Das Ganze mit restlichem Sud wiederholen.

- Das Mehl einstreuen, verrühren, mit der Brühe aufgießen und alles aufkochen. Senf und Sahne einrühren. Hähnchenstücke wieder dazugeben, Deckel auflegen und das Ganze ca. 20 Minuten bei kleiner Hitze köcheln lassen, dabei gelegentlich umrühren.

- In der Zwischenzeit die Champignons mit Küchenpapier oder einem Pinsel trocken abreiben, Enden kappen und größere Köpfe halbieren. Frühlingszwiebeln waschen, putzen und schräg in Ringe schneiden.

- Den Backofen auf 200 °C Umluft (220 °C Ober- und Unterhitze/Gas Stufe 4–5) vorheizen. Hähnchenstücke aus dem Bräter heben, auf ein mit Backpapier ausgelegtes Backblech legen und auf unterster Schiene in den heißen Ofen schieben.

- Die Sauce durch ein Sieb in einen zweiten Topf gießen und leicht köcheln lassen. Champignons und Frühstücksspeck in einer Pfanne mit etwas Butter anbraten, Frühlingszwiebeln hinzugeben und kurz mitbraten, dann alles mit Salz und Pfeffer würzen. Hähnchenkeulen und Champignonpfanne zur Sauce geben und alles noch einmal mit Senf, Salz und Pfeffer abschmecken.

- Den Coq au vin entweder aus einer großen Schüssel oder auf tiefen Tellern angerichtet servieren.
  Dazu passt ein lockeres Kartoffelpüree von Seite 153.

THAI-ROASTED

CHICKEN-CURRY

Für vier Männer::

Für das Curry:

- 6–8 Hähnchenkeulen
- Salz, Pfeffer aus der Mühle
- 6 Schalotten
- 2 Knoblauchzehen
- 1 rote Chilischote
- 2 EL Rapsöl
- 1 EL gelbe Thai-Currypaste (alternativ rote oder grüne)
- ca. 500 ml Kokosmilch (ungesüßt)
- 1 TL Speisestärke
- 500 ml Gemüsebrühe
- 1 Stängel Zitronengras
- 5 Kaffir-Limettenblätter (Asialaden)
- 1 TL brauner Zucker
- 4–6 EL Fischsauce (Asialaden)
- 2 EL Austernsauce (Asialaden)
- 1 grüne Zucchini
- 1–2 kleine Thai-Auberginen (Asialaden)
- 200 g Kirschtomaten
- 200 g braune Champignons
- 150 g Maiskölbchen (aus der Dose)
- 1 Granatapfel
- Saft und Abrieb von 1 Bio-Limette
- 3 EL gesalzene Erdnüsse
- 2–3 Stängel Thai-Basilikum
- 4 Stängel Koriandergrün

ZUBEREITUNGSZEIT: 30 Minuten (+ 30 Minuten Garzeit)

- Die Hähnchenkeulen kalt abspülen und mit Küchenpapier trockentupfen. Die Keulen im Gelenk trennen, mit Salz und Pfeffer gut würzen und auf einem mit Backpapier ausgelegten Backblech mit der Hautseite nach oben auslegen.

- Schalotten und Knoblauch abziehen und grob würfeln. Chilischote längs halbieren, entkernen und in kleine Würfel schneiden.

- Das Rapsöl in einem Topf erhitzen. Schalotten-, Knoblauch- und Chiliwürfel mit der Thai-Currypaste darin anschwitzen. Kokosmilch gut durchschütteln, ein Drittel dazugeben und leicht einkochen. Restliche Kokosmilch mit der Speisestärke glattrühren und mit der Brühe in den Topf geben. Alles kurz aufkochen und die Hitze reduzieren.

- Den Backofen auf 200 °C Umluft (220 °C Ober- und Unterhitze/Gas Stufe 4–5) vorheizen.

- Zitronengras mit dem Boden einer Pfanne etwas flach klopfen (das geht zum Beispiel auch mit einem schweren Messergriff) und zusammen mit Kaffir-Limettenblättern, braunem Zucker, Fisch- und Austernsauce in den Topf geben. Kokossud ca. 20 Minuten köcheln lassen. Hähnchenteile in dieser Zeit im heißen Ofen ca. 15 Minuten garen.

- In der Zwischenzeit Zucchini und Auberginen waschen und ohne Stielanatz in mundgerechte Stücke schneiden. Kirschtomaten waschen und halbieren. Champignons mit Küchenpapier oder einem Pinsel trocken abreiben, Enden kappen und Köpfe halbieren. Maiskölbchen abtropfen lassen und schräg in Scheiben schneiden. Granatapfel aufbrechen und Kerne auslösen.

- Nach 10 Minuten Kochzeit Gemüse, Limettensaft und -abrieb sowie Erdnüsse zum Kokossud geben, kurz aufkochen und alles weitere 5 Minuten garen. Wenn die Hähnchenkeulen schön kross sind, aus dem Ofen nehmen und mit dem Bratensaft zum Kokossud geben. Alles kurz aufkochen, dann mit Fischsauce, Salz und Pfeffer abschmecken. Thai-Basilikum und Koriandergrün waschen und trockenschütteln. Basilikumblätter abzupfen und kurz vor dem Servieren unterrühren.

- Das Chicken-Curry auf tiefe Teller oder Schalen verteilen und mit Thai-Basilikum, den Korianderstängeln und Granatapfelkernen garniert servieren.
  Dazu passt ein einfacher Basmatireis.

• ENTE •

MIT MARONEN-ORANGEN-APFEL-FÜLLUNG

Für vier Männer:

Für das Fleisch:

- 1 Apfel
- 1 Bio-Orange
- 12 vorgegarte Maronen
- 1 EL getrockneter Majoran
- Salz
- Pfeffer aus der Mühle
- 1 schöne große frische Ente (ca. 2 kg; mit Innereien)

Für die Sauce:

- 2 Entenkeulen oder 1 Entenkarkasse
- 1 Bund Suppengrün (Möhren, Sellerie, Lauch)
- 2 Zwiebeln
- Öl zum Braten
- 2 EL Tomatenmark
- 1 Flasche Rotwein (0,75 l)
- 1 EL Mehl
- 1 Lorbeerblatt
- 3 Wacholderbeeren
- 1 Zimtstange
- 3 Zweige Thymian
- 1 EL Preiselbeerkonfitüre
- Abrieb von 1 Bio-Orange
- 100 g eiskalte Butterwürfel

Außerdem:

- 6–8 Zahnstocher

ZUBEREITUNGSZEIT: **30 Minuten (+ 3 Stunden Garzeit)**

- Den Apfel waschen, vierteln und ohne Kerngehäuse würfeln. Orange heiß waschen und trockenreiben. Schale fein abreiben. Orange schälen, mit Maronen würfeln und mit Apfelstücken und Majoran in einer Schüssel mischen. Mit Salz und Pfeffer würzen.

- Die Ente kalt waschen und mit Küchenpapier trockentupfen. Federkiele ziehen. Ente – am besten in der Spüle – 30 Minuten in kaltes, kräftig gesalzenes Wasser legen. Den Backofen auf 130 °C Umluft (150 °C Ober- und Unterhitze/Gas Stufe 1) vorheizen.

- Ente abtropfen lassen, Flügel unter der Ente einklemmen, von innen salzen und pfeffern, dann mit der Orangenmischung füllen. Öffnung mit Zahnstochern verschließen. Ente außen kräftig salzen und pfeffern, dann auf ein Ofengitter legen. Backblech unterschieben und mit Wasser füllen. Die Ente im Ofen ca. 3 Stunden garen.

- In der Zwischenzeit für die Sauce Entenkeulen oder Karkasse ebenfalls waschen und trockentupfen. Keulen im Gelenk halbieren, Karkassen zerkleinern. Suppengrün waschen, putzen und kleinschneiden. Zwiebeln abziehen und grob schneiden.

- Entenkeulen und Innereien (bis auf die Leber) in etwas Öl kräftig anbraten. Zwei Drittel Suppengrün mitrösten (Rest auf dem Blech verteilen). Tomatenmark kurz mitrösten. Mit einem Drittel Rotwein ablöschen und Flüssigkeit verkochen lassen. Dies zweimal wiederholen, dann Mehl, Lorbeer, Wacholder, Zimt und Thymian dazugeben, mit 1 Liter Wasser auffüllen und alles aufkochen, dabei gelegentlich umrühren. Hitze reduzieren und die Sauce 1,5 Stunden leicht köcheln lassen.

- Sauce aufkochen, durch ein Sieb gießen und in neuem Topf mit Konfitüre sowie Orangenabrieb leicht köcheln lassen. Mit Salz und Pfeffer würzen. Warm halten.

- Nach 2,5 Stunden Garzeit Flüssigkeit vom Backblech und Suppengrün in die Sauce geben. Blech wieder einschieben und mit Wasser befüllen. Temperatur auf 200 °C Umluft (220 °C Ober- und Unterhitze/Gas Stufe 4–5) erhöhen und Ente fertig garen.

- Die knusprige Ente aus dem Ofen nehmen und mit Alufolie abgedeckt 5–10 Minuten ruhen lassen. Sauce aufkochen, eiskalte Butterwürfel mit dem Stabmixer untermixen.

- Die Ente tranchiert auf einer vorgewärmten Platte anrichten und servieren. Füllung in einer Schüssel separat dazu reichen.

ENTENBRUST

— IN ROIBOOS-TEE GERÄUCHERT —

Für vier Männer::

Für das Chutney:

- 1 haselnussgroßes Stück frische Ingwerwurzel
- 2 Orangen, 2 Äpfel
- 1 große Gemüsezwiebel
- 1 rote Chilischote
- 200 g Kirschtomaten
- 2 Stängel Koriandergrün
- Olivenöl zum Braten
- 200 g brauner Zucker
- 200 ml Orangensaft
- Saft und Abrieb von 1 Bio-Limette
- 1 Tütchen Gelierpulver 3:1

Für das Fleisch:

- 2–3 Entenbrustfilets (à ca.200 g)
- Salz, Pfeffer aus der Mühle
- 100 g Roiboos-Tee

Für den Salat:

- 2 EL Cashewkerne
- 200 g Feldsalat
- 2 Kugeln Mozzarella (à 125 g)
- 150 g eingelegter Kürbis
- gutes Olivenöl zum Beträufeln
- frisches Baguette zum Servieren

Außerdem:

- 2–3 Einmachgläser (à 220 ml)
- Wok- oder Dünsteinsatz bzw. Sieb plus passender Wok oder Topf

ZUBEREITUNGSZEIT: 30 Minuten (+ 30 Minuten Garzeit)

- Für das Chutney Ingwer und Orangen schälen. Äpfel schälen, entkernen und fein würfeln. Zwiebel abziehen. Orange kleinschneiden. Zwiebel, Ingwer und Chilischote fein hacken. Kirschtomaten waschen und halbieren. Koriandergrün fein hacken.

- Zwiebel, Knoblauch und Chili in etwas Olivenöl anschwitzen. Restliche Chutney-Zutaten 3–4 Minuten mitgaren, dann heiß in saubere Einmachgläser füllen, sofort mit Twist-off-Schraubdeckeln verschließen und im Kühlschrank kalt stellen.

- Die Entenbrustfilets kalt abspülen, mit Küchenpapier trockentupfen und auf der Hautseite gitterförmig einritzen. Fleisch mit der Hautseite nach oben in einen Wok- beziehungsweise Dünsteinsatz mit Löchern oder in ein Metallsieb legen. Tee in einem passenden Wok oder Topf verteilen. Einsatz bzw. Sieb samt Fleisch einsetzen und gut schließenden Deckel auflegen.

- Den Topf bei mittlerer Hitze 3–4 Minuten erwärmen. Wenn Rauch entsteht, die Hitze sofort auf ein Minimum reduzieren. Die Entenbrust im Topf bei geschlossenem Deckel ca. 12 Minuten ziehen lassen. Den Backofen auf 130 °C Umluft (150 °C Ober- und Unterhitze/Gas Stufe 1) vorheizen.

- Die Cashewkerne in einer beschichteten Pfanne ohne Fett bei mittlerer Hitze langsam goldbraun rösten. Feldsalat verlesen, waschen, putzen und trockenschleudern. Mozzarella in Würfel schneiden. Kürbis in ein Sieb abgießen und abtropfen lassen.

- Den Räuchertopf geschlossen nach draußen tragen und erst jetzt den Deckel abheben. Fleisch herausnehmen, in einer kalten beschichteten Pfanne auf die Herdplatte stellen und bei mittlerer bis starker Hitze erhitzen. Wenn das Hautfett ausgetreten und die Hautseite gebräunt ist, die Temperatur auf maximale Leistung erhöhen, die Entenbrust wenden und auf der Fleischseite 1 Minute scharf anbraten.

- Die Entenbrust in eine Auflaufform legen, mit Salz und Pfeffer kräftig würzen und im heißen Ofen 8–10 Minuten fertig garen. Fleisch herausnehmen und mit Alufolie abgedeckt 2–3 Minuten ruhen lassen, dann in Scheiben aufschneiden.

- Den Feldsalat auf tiefen Tellern mit Cashewkernen, Mozzarella und Kürbis bestreuen, mit Salz und Pfeffer würzen und mit Olivenöl beträufeln. Entenbrustscheiben auflegen und das Ganze mit einem Klecks Chutney servieren. Dazu frisches Baguette reichen.

• REHRÜCKEN •

im Kräuter-Crêpe-Mantel

Für vier Männer:

Für den Crêpe-Mantel:
- 4 EL Mehl
- 200 ml Milch
- 1 Eigelb
- Muskatnuss, frisch gerieben
- Salz
- ½ Bund krause Petersilie
- 1 Bund Schnittlauch
- 1 EL Rapsöl zum Braten

Für das Fleisch:
- 2 Rehrückenfilets (à ca. 300 g; ohne Fett und Sehnen)
- Öl zum Braten
- Pfeffer aus der Mühle
- 2 feine rohe Metzger-Bratwürste (à ca. 80 g)
- 3 Zweige Thymian

Für die Cremebohnen:
- 600 g dicke Bohnenkerne
- 2 Schalotten
- 1 Bund glatte Petersilie
- 1 EL Olivenöl
- 200 g Crème fraîche
- Muskatnuss, frisch gerieben
- Salz
- Pfeffer aus der Mühle

ZUBEREITUNGSZEIT: 30 Minuten (+ 30 Minuten Garzeit)

- Für den Crêpe-Mantel Mehl, Milch, Eigelb, je 1 Prise Muskatnuss und Salz kräftig verrühren. Teig 10 Minuten quellen lassen. In dieser Zeit Petersilie und Schnittlauch waschen, trockenschütteln, fein schneiden und unter den Crêpe-Teig rühren.

- Eine beschichtete Pfanne erhitzen und mit etwas Rapsöl auswischen (am besten mit einem ölgetränkten Küchenpapier). Eine Kelle Crêpe-Teig mittig in die Pfanne geben und darin durch Schräghalten und leichtes Drehen zügig gleichmäßig verlaufen lassen. Crêpe von beiden Seiten hellbraun backen und auf einen Teller gleiten lassen. Mit dem restlichen Teig ebenso verfahren – wir benötigen für das Gericht insgesamt vier Crêpes.

- Für das Fleisch Rehrücken mit Küchenpapier trockentupfen. Öl in einer Pfanne stark erhitzen und die Filets darin scharf anbraten. Herausnehmen und mit Salz und Pfeffer würzen. Bratwurstbrät aus der Haut in eine Schüssel drücken. Thymian waschen, trockenschütteln, Blättchen abstreifen, fein hacken, zum Brät geben und gut verrühren.

- Je 2 Crêpes leicht überlappend ausbreiten und in der Mitte das Brät verteilen. Je ein Filet auflegen, Crêpe-Seiten zur Mitte hin einschlagen und alles stramm einwickeln. 2 Stück Frischhaltefolie und 2 gleich große Stücke Alufolie abschneiden. Alufolie mit dem öligen Küchenpapier leicht einreiben, dann die Klarsichtfolie auflegen – so bleibt sie besser haften und verrutscht nicht. Nun je eine Crêpe-Rolle auflegen und stramm einwickeln, die Enden wie bei einem Bonbon fest aufdrehen.

- In einem großen Topf reichlich Salzwasser aufkochen. Die Rollen hineingeben, alles nochmals aufkochen, die Hitze auf ein Minimum reduzieren, Deckel auflegen und die Rollen im heißen Wasserbad 15 Minuten ziehen lassen. Währenddessen die Bohnenkerne in leicht gesalzenem Wasser 2–3 Minuten blanchieren, in ein Sieb abgießen und kalt abspülen. Bohnenkerne aus den Häutchen drücken, das macht sie etwas zarter und für manche auch besser verdaulich. Schalotten abziehen und fein würfeln. Petersilie waschen, Blätter abzupfen und tropfnass fein hacken.

- Bohnen, Schalotten und Petersilie in einer beschichteten Pfanne im heißen Olivenöl einige Minuten anschwitzen. Crème fraîche einrühren, erhitzen und mit Muskatnuss, Salz und Pfeffer abschmecken.

- Den Rehrücken aus dem Wasserbad nehmen und kurz ruhen lassen, dann auswickeln, in Tranchen aufschneiden und mit den Cremebohnen zusammen servieren.

STRAUSSENGULASCH

Südafrikanische Art

Für vier Männer:

Für das Currypulver:
- 8 getrocknete Chilischoten
- ½ Zimtstange
- 1 TL Bockshornkleesamen
- 1 Nelke, 1 Sternanis
- 3 Kardamomkapseln
- 1 TL Koriandersamen
- 1 TL Kreuzkümmelsamen
- 1 TL Pfefferkörner
- 1 TL Senfkörner
- 10 Kaffir-Limettenblätter (getrocknet)
- 1 TL Ingwerpulver
- 1 TL Meersalz
- 1 EL gemahlene Kurkuma

Für das Fleisch:
- ca. 1,2 kg Straußenfleisch (Steakfleisch)
- 2 rote Zwiebeln
- 1 Knoblauchzehe
- 1 rote Chilischote
- 500 g Tomaten
- 100 g getrocknete Aprikosen
- 2 Süßkartoffeln
- Öl zum Braten
- 1 EL Tomatenmark
- 1 EL Mehl
- ¼ TL gehackte frische Ingwerwurzel
- 1 Lorbeerblatt
- Abrieb von 1 Bio-Zitrone
- 2 l Gemüse- oder Geflügelbrühe
- 1 Bund Koriandergrün

ZUBEREITUNGSZEIT: **45 Minuten (+ 2 Stunden Garzeit)**

- Für das Currypulver alle Zutaten außer Ingwerpulver, Meersalz und Kurkuma in einer beschichteten Pfanne ca. 3 Minuten bei kleiner Hitze erwärmen. Nicht zu stark, sonst werden die Gewürze bitter. Pfanneninhalt mit Ingwerpulver und Meersalz in einer alten Kaffeemühle, der Küchenmaschine oder im Mörser fein und pulverig mixen. Mischung in ein altes Marmeladenglas füllen, Kurkuma (siehe Tipp) hinzugeben und alles nochmals gut durchschütteln.

- Für das Gulasch den Backofen auf 180 °C Umluft (200 °C Ober- und Unterhitze/Gas Stufe 3–4) vorheizen. Straußenfleisch unter fließendem kaltem Wasser waschen, mit Küchenpapier trockentupfen und in ca. 4 x 4 Zentimeter große Würfel schneiden. Zwiebeln und Knoblauch abziehen und fein würfeln. Chilischote waschen und im Ganzen ohne Stielansatz sehr fein hacken. Tomaten waschen und ohne Stielansatz kleinschneiden. Aprikosen dritteln. Süßkartoffeln schälen, waschen und würfeln.

- Das Fleisch in einem Bräter im heißen Öl anbraten. Knoblauch, Zwiebeln und Chili hinzufügen und anrösten. 3 Esslöffel Currypulver dazugeben und kurz mitschwitzen. Tomatenmark einrühren und ebenfalls mit anschwitzen. Mehl einstreuen und gut unterrühren. Ingwer, Lorbeerblatt, Zitronenabrieb und Brühe dazugeben, alles einmal aufkochen, dabei gelegentlich umrühren, dann mit Salz und Pfeffer würzen. (Schon jetzt kosten, ob die Schärfe reicht, ansonsten etwas mehr Currypulver dazugeben. Dies wird kein Prinzessinnengericht, das muss schon etwas für Helden sein ...)

- Den Deckel auflegen und das Fleisch im heißen Ofen ca. 2 Stunden schmoren.

- Kurz vor dem Servieren das Koriandergrün waschen, trockenschütteln und fein hacken. Fleisch aus dem Ofen nehmen, noch einmal mit Salz abschmecken und mit Koriandergrün verfeinern.
  Dazu passt einfacher Basmatireis.

MEIN TIPP:

Kurkuma gebe ich immer erst zuletzt zum Currypulver, da es sehr stark färbt.
Wenn das Curry richtig scharf ist, brauchen Sie wenig Fleisch, dafür kühlende Beilagen.
Als Dessert ein Mango-Lassi reichen.

MARINADEN

Für vier Männer

EINFACHE MARINADE

2 Knoblauchzehen abziehen und durchpressen oder fein hacken. Mit **2 EL Sojasauce, 1 TL Honig, 1 TL Tomatenmark, 2 EL Olivenöl** sowie **1 TL Pfefferkörnern (grob geschrotet)** sorgfältig mischen. **4 Schweinerückensteaks (à 180 g)** kalt abspülen, mit Küchenpapier trockentupfen und mit der Marinade in einen Frischhaltebeutel geben. Beutel verschließen und den Inhalt gut durchmengen. Das Fleisch im Kühlschrank ca. 2 Stunden marinieren.

CHILI-HONIG-MARINADE

1 rote Chilischote waschen, längs halbieren, entkernen und mit **2 Stängeln** gewaschenem **Koriandergrün** fein hacken. Beides mit **1 TL Honig, 2 EL Olivenöl, Abrieb von 1 Bio-Orange** sowie **Saft von ½ Orange** sorgfältig mischen. **4 Hähnchenbrustfilets (à ca. 120 g)** kalt abspülen, mit Küchenpapier trockentupfen und mit der Marinade in einen Frischhaltebeutel geben. Beutel verschließen und den Inhalt gut durchmengen. Das Fleisch im Kühlschrank ca. 2 Stunden marinieren.

BBQ-MARINADE

1 Knoblauchzehe abziehen und durchpressen oder fein hacken. **2 Stängel Petersilie** waschen, trockenschütteln, fein hacken. Beides mit **2 EL Teriyaki-Sauce, 1 EL Honig, 2 EL Ketchup, 1 TL dunklem Aceto balsamico, 1 TL Paprikapulver rosenscharf, 1 TL Steakpfeffer** sowie **1 TL Rum** sorgfältig mischen. **4 Scheiben Schweinenacken (à ca. 160 g)** kalt abspülen, mit Küchenpapier trockentupfen und mit der Marinade in einen Frischhaltebeutel geben. Beutel verschließen und den Inhalt gut durchmengen. Das Fleisch im Kühlschrank mehrere Stunden – am besten über Nacht –marinieren.

SCHWARZBIER-MARINADE

1 Schalotte (abgezogen und in Streifen geschnitten), **1 Lorbeerblatt** (zerbröselt), **2 Wacholderbeeren** (fein gehackt). **2 Stängel Petersilie** (fein gehackt) mit **2 TL Steakpfeffer, 0,1 l dunklem Bier, 2 EL Teriyaki-Sauce** und **1 TL braunem Zucker** sorgfältig mischen. **3 Scheiben Schweinebauch (à ca. 150 g)** kalt abspülen, mit Küchenpapier trockentupfen und mit der Marinade in einen Frischhaltebeutel geben. Beutel verschließen und den Inhalt gut durchmengen. Das Fleisch im Kühlschrank mehrere Stunden – am besten über Nacht – marinieren.

BUTTERMILCH-SENF-MARINADE

1 Zweig Rosmarin waschen, trockenschütteln, die Nadeln abzupfen und grob hacken. Mit **2 EL Sojasauce, 2 EL Buttermilch, 1 EL süßem Senf, 1 EL Dijon-Senf** sowie **1 TL Honig** sorgfältig mischen. **4 Stücke Lammrücken (à 150 g)** kalt abspülen, mit Küchenpapier trockentupfen und mit der Marinade in einen Frischhaltebeutel geben. Beutel verschließen und den Inhalt gut durchmengen. Das Fleisch im Kühlschrank ca. 2 Stunden marinieren.

ZITRONENGRAS-MARINADE

1 Stängel Zitronengras halbieren, mit dem Messergriff leicht anklopfen und mit **1 Knoblauchzehe, 2 Stängeln Koriandergrün, 2 EL Crème fraîche, 2 EL Rapsöl, 1 TL Sesamöl, 1 TL Honig** sowie **Abrieb von 1 Bio-Zitrone** sorgfältig mischen. **4 Lachssteaks (à ca. 150 g)** kalt abspülen, mit Küchenpapier trockentupfen und mit der Marinade in einen Frischhaltebeutel geben. Beutel verschließen und den Inhalt gut durchmengen. Den Fisch im Kühlschrank ca. 2 Stunden marinieren.

WHISKY-SOJA-MARINADE

4 EL Whisky, 1 TL braunen Zucker, 2 TL Ketchup, 2 EL Sojasauce und **½ TL Cayennepfeffer** sorgfältig mischen. **8–12 Scheiben Schweinefilet (à ca. 80 g)** kalt abspülen, mit Küchenpapier trockentupfen und mit der Marinade in einen Frischhaltebeutel geben. Beutel verschließen und den Inhalt gut durchmengen. Das Fleisch im Kühlschrank ca. 2 Stunden marinieren.

MEIN TIPP:

Geben Sie der Marinade und ihren Aromen Zeit, in das Grillgut einzuziehen. Planen Sie hierfür mindestens 1 Stunde Vorlaufzeit ein, bei Fleischgerichten marinieren Sie auch gerne über Nacht.Tupfen Sie das Gargut mit Küchenpapier unbedingt trocken, bevor es auf den Grill kommt. So vermeiden Sie, dass Fett in Flamme oder Glut tropft und dort verbrennt.

REZEPTE
SEITE
100-105

SELBST GEMACHTE

Wurst

PIRATENWURST VOM KAP DER GUTEN HOFFNUNG

250 g Straußen- oder Lammfleisch, 600 g Schweinebauch, 150 g geräucherter Bauchspeck, 1 rote Zwiebel (abgezogen und fein gewürfelt), **20 g Salz, 1 TL Pfefferkörner (grob geschrotet), 1 EL getrockneter Majoran, 2 EL würziges indisches Currypulver, ½ TL Chiliflocken, 100 ml eiskaltes Wasser**

PRINZESSINNENWURST

8 Hähnchenkeulen (Fleisch ausgelöst; ohne Knochen und Knorpel), **6 rohe Riesengarnelen** (ohne Schale und entdarmt), **200 g geräucherter Bauchspeck, Abrieb von 1 Bio-Zitrone, 1–2 Schalotten** (abgezogen und fein gewürfelt), **1 Bund Basilikum** (Blätter abgezupft), **½ TL fein gehackte frische Ingwerwurzel, 20 g Salz, 3 EL kalte Kokosmilch (ungesüßt), 80 ml eiskaltes Wasser**

SINGLEWURST

600 g Fleisch aus der Wildschweinkeule, 250 g Rindfleisch, 150 g geräucherter Bauchspeck, 6 Knoblauchzehen (gehackt), **1 rote Chilischote** (entkernt und gewürfelt), **1 EL Paprikapulver edelsüß, 1 Bund Estragon** (Blätter abgezupft), **1 Prise Lebkuchengewürz, 20 g Salz, 1 EL Sambuca, 100 ml eiskaltes Wasser**

EL GRINGO

500 g Rindfleisch (aus der hohen Rippe), **400 g Lammfleisch** (aus der Schulter), **100 g geräucherter Bauchspeck, 2 rote Zwiebeln, 4 Knoblauchzehen, 1 Msp. Lebkuchengewürz, 1 Habanero** (alternativ andere Chilischote), **2 EL Paprikapulver edelsüß, 4 Stängel Minze, 1 EL Aceto balsamico, 20 g Salz, 1 EL Tequila, Abrieb von 1 Bio-Limette, 80 ml eiskaltes Wasser**

ZUBEREITUNG: **Zutaten für vier Männer - Für alle Sorten: ca. 1 m Naturdarm vom Schwein (vom Metzger)**

Naturdarm in kaltem Wasser gut durchspülen und ca. 3 Stunden in lauwarmes Wasser legen, dann lässt er sich besser verarbeiten.

Fleisch gründlich abspülen, mit Küchenpapier trockentupfen, in kleine Würfel schneiden und ins Tiefkühlfach stellen. Restliche Zutaten kleinschneiden. Fleisch mit allen Zutaten (bis auf das Eiswasser) mischen und mit der gröberen Scheibe durch den Fleischwolf drehen. Die Masse mit Salz und Pfeffer abschmecken.

Eiskaltes Wasser einrühren, bis die Masse eine cremig-feste Konsistenz hat. Küchenmaschine auf den Wurstaufsatz umrüsten und ein angefeuchtetes Blech unter die Wursttülle legen, so kann die Wurst besser gleiten. Darm abgießen, mit Küchenpapier trockentupfen und auf die Wursttülle stecken. Die Masse durch die Maschine langsam in den Darm füllen. Darauf achten, die Masse möglichst blasenfrei in den Darm zu füllen. Am besten man macht das zu zweit – einer gibt die Füllung in die Maschine, der andere hält den Darm.

Wenn die Wurst gefüllt ist, diese alle ca. 20 Zentimeter etwas zusammendrücken und wie ein Springseil mehrere Male umschlagen. Da Sie sicher keinen Zollstock als Küchenwerkzeug haben, einfach meinen „Hang Loose"-Abstand nutzen und die Strecke zwischen kleinem Finger und Daumen nehmen.

Würste bis zum Grillen kaltstellen. Restliche Würste in siedendem, also nicht mehr kochendem Wasser 5–6 Minuten ziehen lassen. Im Kühlschrank kalt gestellt halten sie sich so 2 weitere Tage.

MEIN TIPP:

Wer keinen Schweinedarm verwenden möchte, kann auch Schweinenetz (aus dem Bauchfell) bestellen. Dieses wird ebenfalls vor der Verarbeitung gewässert, die Wurst später per Hand geformt und darin eingewickelt. Ganz ohne formt man die Würste aus der Masse per Hand, wickelt sie erst wie Bonbons in Frischhalte-, dann in Alufolie ein und gart sie in heißem Wasser 12 Minuten. Wie Bratwürste kurz anbraten.
Zum Wurstmachen eignet sich eigentlich jede Sorte Fleisch, Geflügel oder auch Fisch. Zu mageres Fleisch braucht einen fetten Partner, damit die Wurst beim Braten nicht trocken wird. Schulter eignet sich sehr gut, man gibt aber gerne auch Schweinebauch dazu.
Selbst macht man Wurst wahrscheinlich nicht so häufig, darum am besten gleich ein paar mehr Würste herstellen und sie einfrieren.

AUFGEFISCHT

Fisch & Meeresfrüche

107

BOUILLABAISSE

— À LA CHEF —

Für vier Männer:

Für die Suppe:
- 3 Schalotten
- 1 Knoblauchzehe
- 1 Fenchelknolle
- 1 Stange Lauch
- 200 g Kartoffeln
- Olivenöl zum Braten
- 1 TL Tomatenmark
- 5 Pfefferkörner
- 1 Lorbeerblatt
- 100 ml Weißwein
- 1,5 l Fischfond
- 1 Tütchen Safranfäden (0,1 g)
- Abrieb von 1 Bio-Orange
- Salz

Für die Einlage:
- 1 Bund glatte Petersilie
- 5 Tomaten
- 800 g weißes Fischfilet (z. B. Loup de Mer, Kabeljau, Red Snapper, Seeteufel; ohne Haut und Gräten)
- 12 kleine Garnelen (geschält und entdarmt)
- 20 Miesmuscheln in der Schale
- Salz
- Pfeffer aus der Mühle

ZUBEREITUNGSZEIT: 20 Minuten (+ 20 Minuten Garzeit)

- Schalotten und Knoblauch abziehen und in feine Würfel schneiden. Fenchel waschen, putzen, längs halbieren und den Strunk keilförmig herausscheiden. Lauch längs halbieren, waschen, putzen und mit dem Fenchel in Streifen schneiden.

- Die Kartoffeln schälen und waschen, halbieren und in 2 Zentimeter dicke Scheiben schneiden. Die Scheiben nochmals gründlich waschen.

- Das Olivenöl in einem Topf erhitzen und Schalotten- und Knoblauchwürfel, Fenchel- sowie Lauchstreifen und Kartoffelscheiben darin anschwitzen. Tomatenmark einrühren und kurz mitschwitzen. Pfefferkörner und Lorbeerblatt hinzugeben. Mit Weißwein ablöschen und die Flüssigkeit bei starker Hitze vollständig verkochen lassen. Fischfond angießen, Safran, Orangenabrieb und 1 Prise Salz hinzugeben und alles zugedeckt bei mittlerer Hitze 5 Minuten köcheln lassen.

- In der Zwischenzeit für die Einlage Petersilie waschen und trockenschütteln, Blätter abzupfen, zu einer Rolle aufdrehen und fein schneiden. Tomaten waschen, ohne Stielansatz vierteln und mit einem Löffel entkernen. Tomatenfilets in Streifen schneiden.

- Die Fischfilets waschen, auf Gräten prüfen und in mundgerechte Stücke schneiden. Garnelen waschen und putzen, Muscheln unter kaltem Wasser gründlich abspülen – nur geschlossene Muscheln verwenden, roh bereits geöffnete Muscheln wegwerfen. Fischstücke, Garnelen, Muscheln und Tomatenstreifen im Sud bei mittlerer Hitze 10–12 Minuten köcheln, bis der Fisch gar ist und die Muscheln geöffnet sind. Petersilie hinzugeben und das Ganze mit Salz und Pfeffer abschmecken.

- Die Einlage in warme tiefe Teller geben und mit dem heißen Sud aufgefüllt servieren.

MEIN TIPP:

Wichtig ist, dass der Fisch gar, aber noch leicht glasig und das Gemüse nicht verkocht ist. Hier empfehle ich Ihnen, das Gemüse bissfest zu garen, herauszunehmen, den Fisch glasig anzugaren und dann noch einmal mit dem Gemüse kurz zu erhitzen. So ist alles zusammen auf den Punkt gegart.

Ideal zum Vorbereiten: Alles angaren und aus dem Sud nehmen. Vor dem Servieren nur den Sud erhitzen und die Einlage darin kurz warm ziehen lassen.

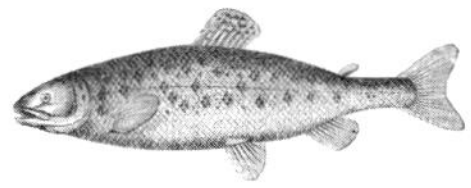

GEBEIZTER ORANGEN-LACHS

mit Rösti

Für vier Männer:

Für den Lachs:
- 1 sehr frische Lachsseite mit Haut
- 100 g Salz
- 100 g Zucker
- 1 TL Pfefferkörner
- 10 Koriandersamen
- 5 Wacholderbeeren
- 1 Bund Basilikum
- Abrieb von je 1 Bio-Orange und -Zitrone
- 8 EL Sojasauce
- 3 EL Gin

Für die Rösti:
- 6 große Kartoffeln
- 1 kleine Steckrübe
- 2 Eigelbe
- Muskatnuss, frisch gerieben
- Salz
- Pfeffer aus der Mühle
- Butterschmalz zum Braten

Für die Sauce:
- 3 EL Dijon-Senf
- 3 EL süßer Senf
- 3 EL Honig
- Saft von ½ Zitrone
- 1 Bund Dill
- 150 ml Olivenöl

ZUBEREITUNGSZEIT: 15 Minuten (+ 24 Stunden Ruhezeit + 20 Minuten Garzeit)

- Die Lachsseite auf Gräten kontrollieren und vorhandene mit einer Pinzette ziehen. Lachs abspülen und trockentupfen. Salz und Zucker in einer Schüssel gut mischen. Pfefferkörner, Koriandersamen und Wacholderbeeren in einem Mörser zerstoßen und zur Salz-Zucker-Mischung geben. Basilikum waschen, trockenschütteln, Blätter abzupfen und fein schneiden. Basilikum, Orangen- und Zitronenabrieb ebenfalls zur Mischung geben.

- Die Mischung mit Sojasauce und Gin gut vermengen. 4 Esslöffel davon abnehmen, den Rest in eine große flache Schale oder Auflaufform geben und auf Größe und Form der Lachsseite anpassen. Lachs mit der Hautseite nach oben auflegen, Hautseite mit der restlichen Mischung bedecken und diese leicht andrücken. Die Form mit Frischhaltefolie gut verschließen und den Lachs mindestens 24 Stunden kalt stellen.

- Den Lachs aus der Beize nehmen, mit Küchenpapier abtupfen und von der Schwanzseite aus schräg nach vorne mit einem Lachsmesser hauchdünne Scheiben von der Haut schneiden.

- Für die Rösti Kartoffeln und Steckrübe schälen, waschen und über die grobe Seite einer Vierkantreibe in eine Schüssel raspeln. Kartoffel-Steckrüben-Mischung mit den Eigelben mischen, dann mit Muskatnuss, Salz und Pfeffer abschmecken.

- Das Butterschmalz in einer Pfanne erhitzen, den Teig in in kleinen Portionen hineingeben, etwas flach drücken und von jeder Seite bei mittlerer Hitze 3–4 Minuten langsam goldbraun braten.

- Die Rösti herausnehmen und auf Küchenpapier abtropfen lassen. Je nach Menge die Rösti im heißen Ofen (90 °C Umluft/110 °C Ober- und Unterhitze/Gas Stufe 1) auf einem mit Backpapier belegten Backblech warm stellen.

- Für die Sauce Dijon-Senf, süßen Senf, Honig und Zitronensaft gut verrühren. Dill waschen, trockenschütteln und sehr fein schneiden. Olivenöl in einem dünnen Strahl unter ständigem Rühren unter die Senfmasse mischen, bis sie cremig wird. Dill vorsichtig unterrühren und das Ganze mit Salz und Pfeffer abschmecken.

- Die Rösti mit den Lachsscheiben auf Tellern anrichten und mit einem Klecks Honig-Oliven-Senf-Sauce garniert servieren.

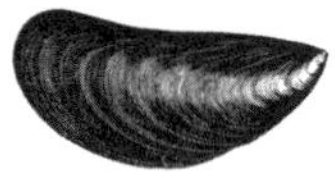

MUSCHELN

à la Pedro

Für vier Männer:

Für die Muscheln:
- 4 kg Miesmuscheln
- 2 rote Zwiebeln
- 3 Knoblauchzehen
- 1 Chilischote
- 1 Bund Suppengrün (Möhren, Sellerie, Lauch)
- 8 große Tomaten
- 1 Bund glatte Petersilie
- 3 EL Olivenöl
- ½ TL brauner Zucker
- 1 TL Tomatenmark
- 3 Zweige Thymian
- 1 Lorbeerblatt
- 300 ml Weißwein
- ½ TL Speisestärke
- 6 EL Anisschnaps (z.B. Pernod)
- Salz
- Pfeffer aus der Mühle

ZUBEREITUNGSZEIT: 20 Minuten (+ 15 Minuten Garzeit)

- Die Muscheln gründlich kalt waschen, eventuell die sogenannten Muschelbärte entfernen, bereits geöffnete Muscheln aussortieren.

- Zwiebeln und Knoblauch abziehen und fein würfeln. Chilischote waschen, längs halbieren, entkernen und in kleine Würfel schneiden. Suppengrün waschen, putzen und klein schneiden. Tomaten waschen, ohne Stielansatz vierteln und mit einem Löffel entkernen. Die Tomatenfilets würfeln. Petersilie waschen und trockenschütteln, Blätter abzupfen und fein schneiden.

- Das Olivenöl in einem hohen Topf erhitzen, Zwiebel-, Knoblauch- und Chiliwürfel, Suppengrün und Tomaten dazugeben und anschwitzen. Zucker und Tomatenmark einrühren und leicht karamellisieren. Thymian waschen und trockenschütteln, Blättchen abstreifen und mitsamt Stielen, gehackter Petersilie und Lorbeerblatt dazugeben.

- Weißwein und Speisestärke glattrühren, mit dem Anisschnaps zum Gemüse geben und alles mit Salz und Pfeffer würzen. Muscheln dazugeben, einmal gut durchrühren und das Ganze zugedeckt ca. 10 Minuten garen. Zwischendurch den Topf mehrmals gut durchschütteln, ohne den Deckel abzunehmen. Nach Ende der Garzeit alle Muscheln, die noch immer nicht geöffnet sind, ebenfalls aussortieren.

- Die Muscheln auf tiefe Teller verteilen und mit Sud übergossen servieren. Dazu passt frisches knuspriges Baguette.

MEIN TIPP:

Alle Monate mit „R" im Wort sind Muschelmonate!

Muscheln kann man ohne Besteck essen, dazu einfach eine Muschel als „Futterzange" benutzen. Ideal auch mal zum Grillen: Alles ab in den Topf und auf den Grill stellen.

Als Sologericht rechnet man pro Person ca. 1 kg Miesmuscheln.

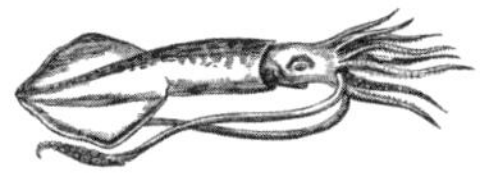

GEFÜLLTER

TINTENFISCH

Für vier Männer:

Für den Tintenfisch:

- ca. 800 g mittelgroße Tintenfische
- 100 g Ciabatta (vom Vortag)
- 100 g Sahne
- 1 Ei
- 1 rote Zwiebel
- 1 Knoblauchzehe
- 1 TL Butter
- 1 Chilischote
- 1 Bund Petersilie
- Saft und Abrieb von 1 Bio-Zitrone
- Salz
- Pfeffer aus der Mühle
- 1 EL gelbe Thai-Currypaste
- Olivenöl zum Braten und zum Einfetten
- 100 ml Kokosmilch
- 1 TL Speisestärke
- 1 haselnussgroßes Stück frische Ingwerwurzel
- 1 Stängel Zitronengras
- 4 Kaffir-Limettenblätter
- 1 Dose Bambusstreifen (ca. 175 g Abtropfgewicht)
- 100 g Cashewkerne
- 4 Tomaten
- 2 Köpfe Pak Choi
- 1 Bund Koriandergrün
- 250 g Basmatireis als Beilage

Außerdem:

- Zahnstocher

ZUBEREITUNGSZEIT: 25 Minuten (+ 30 Minuten Garzeit)

- Die Tintenfische unter kaltem Wasser gründlich waschen und nach Bedarf die dunkle Haut entfernen. Köpfe von den Fangarmen trennen. Harte Kauwerkzeuge zwischen den Fangarmen herausdrücken und entfernen. Fangarme sehr klein schneiden und in eine Schüssel geben. Aus den Tuben die durchsichtigen Chitinstäbe ziehen.

- Das Ciabatta fein hacken, zu den kleingeschnittenen Fangarmen geben. Sahne und Ei verrühren, ebenfalls dazugeben und alles gut durchrühren.

- Zwiebel und Knoblauch abziehen, sehr fein würfeln und in der Butter glasig schwitzen. Chilischote waschen, längs halbieren, entkernen und in kleine Würfel schneiden. Petersilie waschen und trockenschütteln, Blätter abzupfen und fein schneiden. Zwiebel-, Knoblauch- und Chiliwürfel sowie gehackte Petersilie zum Brot geben. Alles mit Zitronensaft und -abrieb sowie Salz und Pfeffer gut abschmecken. Tintenfischtuben mit der Ciabattamasse füllen und die Öffnungen mit je einem Zahnstocher verschließen.

- Die Thai-Currypaste in etwas Olivenöl andünsten, ein Drittel der Kokosmilch hinzugeben und kurz bei mittlerer Hitze verkochen lassen. Restliche Kokosmilch mit Speisestärke glattrühren, dazugeben und alles leicht köcheln lassen.

- Den Ingwer schälen, mit Zitronengras und Kaffir-Limettenblättern fein hacken und ebenfalls mit in den Topf geben. Bambusstreifen abtropfen lassen und hinzugeben. Cashewkerne in einer beschichteten Pfanne ohne Fett langsam rösten.

- Die Tomaten waschen, ohne Stielansatz vierteln und mit einem Löffel entkernen. Die Tomatenfilets würfeln. Pak Choi und Koriandergrün waschen, trockenschütteln und beides fein schneiden. Den Backofen auf 200 °C Umluft (220 °C Ober- und Unterhitze/ Gas Stufe 4–5) vorheizen.

- Die Tintenfischtuben in einer Pfanne mit etwas heißem Olivenöl kurz von allen Seiten scharf anbraten, dann in eine Auflaufform legen. Cashewkerne, Tomaten, Pak Choi und die Hälfte vom Koriander in den Kokossud geben, mit Salz und Pfeffer abschmecken und über die Tintenfischtuben gießen. Das Ganze im Ofen ca. 25 Minuten backen.

- Die Tintenfischtuben mit Sauce auf Tellern anrichten und mit dem restlichen Koriandergrün bestreut servieren.
  Dazu passt einfacher Basmatireis.

OFFENE HUMMER-RAVIOLI

Für vier Männer:

Für die Ravioli:
- 500 g Kirschtomaten
- 3 EL Olivenöl + mehr zum Braten und Einfetten
- feines Meersalz
- Pfeffer aus der Mühle
- 16 Scheiben italienische Fenchelsalami
- 6 Lasagneblätter (ohne Vorkochen)
- 2 Hummer (vorgegart und ausgelöst; Schalen bitte mitnehmen)
- 1 Zwiebel
- 1 Knoblauchzehe
- 1 EL Tomatenmark
- ¼ l Fischfond
- 1 TL Speisestärke
- 200 g Sahne
- 1 EL Weinbrand
- 150 g eiskalte Butterwürfel
- 100 g Pecorino
- 1 Bund Rucola
- 2 Stängel Basilikum
- 2 EL Pinienkerne, geröstet

Außerdem:
- Ringausstecher (Ø 8–10 cm)

ZUBEREITUNGSZEIT: 45 Minuten (+ 1 Stunde Garzeit)

- Die Kirschtomaten waschen und halbieren, mit Olivenöl beträufeln, mit 1 Prise Salz und Pfeffer würzen, kurz durchmengen, mit der Schnittfläche nach oben auf einem mit Backpapier ausgelegten Backblech gleichmäßig verteilen. Im heißen Ofen bei 90 °C Umluft (110 °C Ober- und Unterhitze/Gas Stufe 1) 1 Stunde backen.

- Die Salamischeiben in einer Auflaufform auslegen und direkt mit in den Ofen schieben.

- Die Lasagneblätter in gesalzenem Wasser 10 Minuten bissfest kochen. Nudeln herausnehmen – Nudelwasser nicht abgießen –, auf einem sauberen Küchenhandtuch ausbreiten und mit Küchenpapier abtupfen. Aus den Blättern auf der Arbeitsfläche mit einem Ringausstecher je zwei Kreise ausstechen.

- Die Hummerschalen in einen Gefrierbeutel geben und mit einem Fleischklopfer kräftig zerkleinern. Zwiebel und Knoblauch abziehen und in feine Würfel schneiden.

- Das Olivenöl in einem Topf erhitzen, Zwiebel- und Knoblauchwürfel mit den Hummerschalen darin bei mittlerer Hitze anbraten. Tomatenmark einrühren und kurz mitrösten. Fischfond und Speisestärke glattrühren, mit der Sahne in den Topf geben und alles bei niedriger Hitze ca. 30 Minuten köcheln lassen.

- Die Sauce durch ein feines Sieb in einen zweiten Topf gießen, nochmals aufkochen, dann mit Weinbrand, Salz und Pfeffer abschmecken. Butterwürfel mit dem Stabmixer kräftig untermixen (in der Fachsprache heißt das „aufmontieren"). Hummerfleisch in Scheiben schneiden und in der Sauce 5–6 Minuten erwärmen, aber nicht kochen.

- In der Zwischenzeit Nudelwasser wieder erhitzen und die Teigkreise 5–6 Minuten darin garen, dabei im Wasser hin- und herbewegen, damit sie nicht aneinanderkleben. Pecorino fein raspeln. Rucola verlesen, waschen und trockenschleudern. Basilikum waschen, trockenschütteln und die Blätter abzupfen.

- Warme Teller mit etwas Olivenöl einfetten, salzen und pfeffern. Je einen Nudelkreis auflegen, mit Hummerfleisch und Sauce belegen, wieder Nudeln daraufgeben, mit Salamischeiben und Basilikumblättern belegen, mit einem dritten Nudelkreis abschließen. Die Türmchen mit der restlichen Sauce beträufeln, mit Rucola belegen und mit Pecorino bestreuen. Kirschtomatenhälften und geröstete Pinienkerne darauf und rundherum verteilen und das Ganze mit etwas ausgetretenem Salamifett beträufelt servieren.

GARNELEN

— ab 18 —

Für vier Männer:

Für die Garnelen:

- 24 mittelgroße rohe Garnelen (geschält)
- 1 Bund Koriandergrün
- 2–3 Knoblauchzehen
- 2 EL Honig
- 2 EL Ketchup
- 1 EL Sambal Oelek
- 3 EL Sambuca
- Saft von 2 Limetten
- 2 EL Olivenöl
- Salz
- Pfeffer aus der Mühle

Für den Salat:

- 2 rote Zwiebeln
- ½ Wassermelone (alternativ 1 Honigmelone)
- 1 Salatgurke
- 1 Bund Minze
- Saft und Abrieb von 1 Bio-Limette
- 4 EL gutes Olivenöl
- Salz
- Pfeffer aus der Mühle

Außerdem:

- 12 lange Holz-Schaschlikspieße

ZUBEREITUNGSZEIT: 25 Minuten (+ 20 Minuten Garzeit)

- Die Garnelen bei Bedarf auftauen und am Rücken entlang einschneiden, den dunklen Darm entfernen. Garnelen nochmals gründlich waschen und auf Küchenpapier ausgelegt trockentupfen. Den Backofen auf 220 °C Umluft (240 °C Ober- und Unterhitze/Gas Stufe 5–6) vorheizen.

- Den Koriander waschen, trockenschütteln und fein hacken. Knoblauch abziehen und in feine Würfel schneiden. Zwei Drittel vom gehackten Koriander und die Knoblauchwürfel mit Honig, Ketchup, Sambal Oelek, Sambuca, Limettensaft, Olivenöl, Salz und Pfeffer verrühren. Garnelen darin 5 Minuten marinieren. Währenddessen den Backofen auf 230 °C Umluft (250 °C Ober- und Unterhitze/Gas Stufe 6) vorheizen.

- Je zwei Garnelen auf einen Schaschlikspieß stecken, Garnelenspieße auf ein mit Backpapier ausgelegtes Backblech legen und im heißen Ofen je nach Größe ca. 10 Minuten backen, dabei nach der Hälfte der Zeit einmal wenden.

- In der Zwischenzeit für den Salat Zwiebeln abziehen und in feine Würfel schneiden. Melonenfleisch aus der Schale schneiden, von Kernen befreien und in kleine Würfel schneiden. Salatgurke waschen, Enden abschneiden, Gurke schälen, längs halbieren und mit einem Löffel die Kerne entfernen. Gurkenhälften ebenfalls würfeln. Minze waschen, trockenschütteln, Blätter abzupfen und fein schneiden. Zwiebel-, Melonen- und Gurkenwürfel in einer Schüssel mit gehackter Minze mischen. Mit Limettensaft und -abrieb sowie Olivenöl vermengen, dann mit Salz und Pfeffer abschmecken.

- Eine kleine Portion Salat auf jeden Teller verteilen, je drei Garnelenspieße anlegen und das Ganze mit dem restlichen gehackten Koriandergrün bestreut servieren.

MEIN TIPP:

Wenn Sie etwas auf einen Holzspieß stecken, empfehle ich, diesen vorab einige Minuten in kaltes Wasser zu legen, so splittert er beim Aufstecken nicht.

LACHSFORELLE

· IM AROMABEUTEL ·

Für vier Männer:

Für den Fisch:

- 4 frische Lachsforellen (küchenfertig und geschuppt)
- 1 EL Mandelblättchen
- 8 Kirschtomaten
- 4 Stängel Basilikum
- Abrieb von 1 Bio-Zitrone
- 12 kleine Kapernäpfel
- 4 TL weiche Butter
- Salz
- Pfeffer aus der Mühle
- 4 Scheiben Serrano-Schinken

ZUBEREITUNGSZEIT: **15 Minuten (+ 20 Minuten Garzeit)**

- Die Lachsforellen unter fließendem kaltem Wasser gründlich waschen und mit Küchenpapier trockentupfen. Mandelblätter in einer beschichteten Pfanne ohne Fett bei mittlerer Hitze goldbraun rösten. Kirschtomaten waschen und halbieren. Basilikum waschen, trockenschütteln, Blätter abzupfen und grob zerrupfen.

- Mandelblättchen, Kirschtomaten, Basilikum, Zitronenabrieb, Kapernäpfel und Butter in einer Schüssel gut verrühren, dann mit Salz und Pfeffer würzen. Den Backofen auf 200 °C Umluft (220 °C Ober- und Unterhitze/Gas Stufe 4–5) vorheizen. Auf der Arbeitsfläche vier Bögen Backpapier ausbreiten.

- Den Fisch von innen und außen mit Salz und Pfeffer würzen, mit der Mandel-Tomaten-Masse füllen und mit dem Serrano-Schinken stramm umwickeln. Jeden Fisch auf einen Bogen Backpapier legen, oberes und unteres Ende über dem Fisch zusammenschlagen und leicht eindrehen. Seitliche Enden wie ein Bonbon zusammendrehen und mit Küchengarn zubinden. Die Päckchen auf ein Backblech legen und im heißen Ofen 20 Minuten garen.

- Die Fischpäckchen auf Teller verteilen und leicht geöffnet servieren. Vorsicht, beim Öffnen entweicht heißer Dampf.

MEIN TIPP:

Die Aromabeutel lassen sich wunderbar bereits am Vormittag vorbereiten. Und wenn mittags oder abends die Gäste kommen, müssen Sie den Fisch nur noch im Ofen garen.

Natürlich können Sie mit vielen Aromen spielen und anstelle ganzer Fische auch nur Filets verarbeiten.

KABELJAU

MIT CIABATTA-CHORIZO-CRUNCH

Für vier Männer:

Für den Fisch:

- 200 g Chorizo
- ½ Ciabatta
- 1 Bund Basilikum
- 2 EL weiche Butter
- Salz
- Pfeffer aus der Mühle
- 2 EL Olivenöl zum Einfetten
- 2 Schalotten
- 2 dünne Zucchini
- 200 g Kirschtomaten
- 2 gelbe Paprikaschoten
- 2 Zweige Thymian
- Muskatnuss, frisch gerieben
- 4 Stücke Kabeljaufilet (à ca. 200 g)

Für die Sauce:

- 200 ml Fischfond
- 200 g Sahne
- ½ EL Speisestärke
- 1 Vanilleschote
- Abrieb von 1 Bio-Limette
- Salz
- Pfeffer aus der Mühle
- 1 EL eiskalte Butterwürfel

ZUBEREITUNGSZEIT: 25 Minuten (+ 25 Minuten Garzeit)

- Die Chorizo sehr fein würfeln und in einer Pfanne ohne Fett bei mittlerer Hitze langsam anbraten. In der Zwischenzeit das Ciabatta fein würfeln. Basilikum waschen, trockenschütteln, Blätter abzupfen und fein hacken.

- Die Pfanne vom Herd nehmen. Brot, Basilikum und 1 Esslöffel Butter einrühren. Das Ganze mit Salz und Pfeffer abschmecken. Feuerfeste Form mit Olivenöl auspinseln. Den Backofen auf 180 °C Umluft (200 °C Ober- und Unterhitze/Gas Stufe 3–4) vorheizen.

- Die Schalotten abziehen, längs halbieren und in Streifen schneiden. Zucchini, Tomaten und Paprika waschen und putzen. Zucchini ohne Enden in Scheiben schneiden, Tomaten halbieren. Paprika vierteln, entkernen und schräg in Streifen schneiden. Thymian waschen, trockenschütteln und Blätter abstreifen. Schalottenstreifen, Zucchinischeiben, Tomatenhälften, Paprikastreifen und Thymianblätter mit 1 Esslöffel weicher Butter in die Auflaufform geben, mit Salz und Pfeffer würzen und gut durchmengen.

- Die Kabeljaufilets auf Gräten kontrollieren, gründlich kalt abspülen, mit Küchenpapier trockentupfen, mit Salz und Pfeffer würzen und auf dem Gemüsebett in die Auflaufform legen. Den Ciabatta-Chorizo-Crunch auf den Filets verteilen und das Ganze im Ofen 20 Minuten backen.

- In der Zwischenzeit kalten Fischfond, Sahne und Speisestärke in einem Topf glattrühren. Vanilleschote längs einritzen und das Mark herauskratzen. Vanillemark samt Schote mit in den Topf geben. Fischfond unter Rühren langsam erhitzen. Limettenabrieb hinzugeben, die Sauce mit Salz und Pfeffer abschmecken. Vanilleschote wieder entfernen. Kurz vor dem Servieren eiskalte Butterwürfel mit dem Stabmixer untermischen und die Sauce aufschäumen.

- Fisch und Gemüse auf Teller verteilen und mit etwas Sauce beträufelt servieren.

MEIN TIPP:

Das Gericht lässt sich wunderbar am Vormittag vorbereiten und kühlstellen. Und wenn abends die Gäste kommen, nur kurz in den Ofen damit und 5 Minuten länger als oben angegeben backen.

FISH & CHIPS

MIT CHILI-MAYONNAISE

Für vier Männer:

Für Fish & Chips:
- 800 g vorwiegend festkochende Kartoffeln
- Salz
- 600 g Kabeljaufilet (ohne Haut und Gräten)
- 1 Spritzer Zitronensaft
- Pfeffer aus der Mühle
- 250 g Mehl, gesiebt
- 1 EL Backpulver
- 0,33 l Bier
- Öl zum Frittieren
- 3 EL Speisestärke

Für die Mayonnaise:
- 1 rote Chilischote
- Abrieb von ½ Bio-Orange
- 500 g Mayonnaise
- 2 EL Ketchup
- Salz
- Pfeffer aus der Mühle

ZUBEREITUNGSZEIT: 20 Minuten (+ 30 Minuten Garzeit)

- Die Kartoffeln schälen, waschen, in Stifte schneiden und in reichlich kochendem Salzwasser 3–4 Minuten garen. Kartoffeln abgießen und auf Küchenpapier ausdampfen lassen.

- In der Zwischenzeit den Fisch in längliche Stücke schneiden. Stücke in einer Schüssel mit Zitronensaft, Salz und Pfeffer würzen. Mehl und Backpulver vermengen und mit dem Bier nach und nach glattrühren. Der Teig sollte etwas fester sein als Pfannkuchenteig. So viel Öl in einem Topf bei mittlerer Hitze erhitzen, dass die Fischstücke darin schwimmen können.

- Die Fischstücke in der Speisestärke wenden, dann durch den Teig ziehen und portionsweise im heißen Öl bei 220 °C ca. 3 Minuten goldbraun frittieren (sie sollten innen allerdings noch saftig sein). Mit dem Schaumlöffel herausheben und auf Küchenpapier gut abtropfen lassen. Fertige Stücke auf einem mit Backpapier ausgelegten Backblech im Ofen bei 120 °C Umluft (140 °C Ober- und Unterhitze/Gas Stufe 1) heiß halten, bis der Fisch komplett zubereitet ist.

- Die gut getrockneten Kartoffelstifte im selben Fett ebenfalls portionsweise 4–5 Minuten goldbraun backen und im Ofen heiß halten.

- In der Zwischenzeit für die Mayonnaise die Chilischote längs halbieren, entkernen und in kleine Würfel schneiden. Mayonnaise mit Chiliwürfeln, Orangenabrieb und Ketchup gut verrühren, dann mit Salz und Pfeffer abschmecken.

- Fisch und Kartoffelstifte anrichten und mit einem Klecks Chili-Mayonnaise servieren.

MEIN TIPP:

Alles am Vormittag vorbereiten und später, wenn die Gäste kommen, Fish & Chips nur noch im Ofen zu Ende backen.
Klassisch werden zu Fish & Chips auf der Insel ein Erbsen-Minz-Püree und Sauce tartare gereicht: Für das Püree tiefgekühlte Erbsen mit etwas Butter, kleingezupfter Minze und wenig Wasser einige Minuten dünsten, dann grob zerstampfen, mit etwas Zitronensaft, Salz und Pfeffer abschmecken. Statt der Sauce tartare passt auch gut unsere Remouladen-Sauce (Rezept Seite 22), geben Sie ihr nur mit etwas mehr Mayo eine festere Konsistenz.

• THUNFISCH •

— MIT TOMATEN-KORIANDER-SALSA —

Für vier Männer:

Für den Fisch:

- 1 EL helle Sesamsamen
- 1 EL schwarze Sesamsamen
- 4 frische Thunfischsteaks (à 200 g)
- Olivenöl zum Braten
- feines Meersalz
- Limettenspalten zum Servieren

Für die Salsa:

- 300 g Tomaten
- 2 EL Rosinen
- 2 rote Zwiebeln
- 1 Knoblauchzehe
- 1 rote Chilischote
- 1 Apfel
- 1 Bund Koriandergrün
- 2 EL Olivenöl zum Braten
- 1 TL orientalische Gewürzmischung (z.B. Ras el Hanout oder Baharat)
- 3 EL Sojasauce
- 1 EL Honig
- Zucker
- Salz
- Pfeffer aus der Mühle

ZUBEREITUNGSZEIT: 30 Minuten (+ 20 Minuten Garzeit)

- Den hellen Sesam in einer beschichteten Pfanne ohne Fett bei mittlerer Hitze goldbraun rösten und mit dem schwarzen Sesam in einer Schüssel mischen.

- Für die Salsa Tomaten waschen, ohne Stielansatz vierteln und mit einem Löffel entkernen. Tomatenfilets würfeln und mit den Rosinen verrühren. Zwiebeln und Knoblauch ab-ziehen und fein würfeln. Chilischote waschen, längs halbieren, entkernen und fein würfeln. Den Apfel waschen, vierteln, entkernen und die Viertel würfeln. Koriander waschen und trockenschütteln. Vier Stängel beiseitelegen, den Rest fein hacken.

- Zwiebeln und Knoblauch in Olivenöl anschwitzen. Chiliwürfel und Gewürzmischung einrühren, kurz mitschwitzen. Mit der Sojasauce ablöschen. Tomaten und Rosinen, Apfel und Honig hinzugeben. Alles bei mittlerer Hitze 6–7 Minuten einkochen. Gehackten Koriander unterheben und die Salsa mit Zucker, Salz und Pfeffer abschmecken.

- Den Thunfisch trockentupfen und in einer beschichteten Pfanne in etwas Olivenöl von beiden Seiten jeweils 2 Minuten bei mittlerer Hitze kurz anbraten. Den Fisch auf Teller verteilen, mit Sesam sowie frischem feinem Meersalz bestreuen und mit dem restlichen Koriandergrün garniert servieren. Salsa und Limettenspalten dazu reichen. Dazu passt sehr gut der Persische Reis aus dem Tipp unten.

MEIN TIPP:

Für einen Persischen Reis 300 g Basmatireis in einer Schüssel mit kaltem Wasser bedecken. 2 Schalotten abziehen und fein würfeln. 2 EL Mandelblättchen in einer beschichteten Pfanne ohne Fett rösten, dann in eine größere Schüssel umfüllen. 1 EL Rapsöl in einem Topf erhitzen, Schalottenwürfel darin bei leichter Hitze glasig schwitzen. 3 EL Rosinen und die Mandelblättchen hinzugeben. Reis abgießen und in etwas leicht gesalzenem Wasser 5–6 Minuten garen. Abgießen und mit der Mandel-Rosinen-Pfanne mischen. 2 EL Butter in einem Bräter schmelzen, 1 Tütchen Safranfäden (0,1 g) und 1 EL Rosenwasser hinzufügen, mit 450 Millilitern Wasser auffüllen und alles kurz erwärmen. 300 Milliliter des Butterwassers abnehmen. 2 EL Joghurt in den Topf geben und einrühren. Den Reis locker einschichten, kräftig erhitzen und bei starker Hitze und geschlossenem Deckel 3–4 Minuten garen. Die restliche Butter-Wasser-Mischung über dem Reis verteilen, alles erneut kurz und kräftig erhitzen, dann den Reis im Topf im Ofen bei 200 °C Umluft (220 °C Ober- und Unterhitze/Gas Stufe 4–5) ca. 15 Minuten fertig garen.

FISCHTERRINE

– mit Basilikum –

Für vier Männer:

Für die Terrine:
- Öl zum Einpinseln
- 4–6 große Scheiben Räucherlachs
- 200 g Kabeljaufilet (ohne Haut und Gräten)
- 200 g Lachsfilet (ohne Haut und Gräten)
- 100 g Garnelen (geschält und entdarmt)
- 1 rote Chilischote
- 1 Bund Basilikum
- Abrieb von 2 Bio-Zitronen
- 1 EL Meerrettich
- 300 g Sahne
- 3 Eier
- Salz
- Pfeffer aus der Mühle
- 1 EL Teriyaki-Sauce
- 1 EL Dijon-Senf

Außerdem:
- Kastenform

ZUBEREITUNGSZEIT: 30 Minuten (+ 1 Stunde Garzeit + 3 Stunden Kühlzeit)

- Eine Kastenform mit Öl auspinseln. Backpapier in die Kastenform legen, die Ränder dabei glattstreichen. Die Form mit dem Räucherlachs auslegen. Sowohl Backpapier als auch Räucherlachs sollten die seitlichen Ränder jeweils gut 5 Zentimeter überlappen.

- Kabeljau und Lachsfilet kalt abspülen, auf Gräten kontrollieren und mit Küchenpapier trockentupfen. Fisch in feine Würfel schneiden. Garnelen waschen, trockentupfen und in kleine Stücke schneiden. Chilischote waschen, längs halbieren, entkernen und fein hacken. Basilikum waschen, trockenschütteln, Blätter fein hacken.

- Kabeljau kurz fein pürieren. Ein Drittel des Zitronenabriebs, Meerrettich, 100 Gramm Sahne und 1 Ei hinzugeben, alles kurz mixen, dann mit Salz und Pfeffer abschmecken. Die Masse in die Kastenform füllen, glattstreichen und kaltstellen. Den Backofen auf 150 °C Umluft (170 °C Ober- und Unterhitze/Gas Stufe 2) vorheizen.

- Die Garnelen kurz mixen. Chiliwürfel, Teriyaki-Sauce, 100 Gramm Sahne, 1 Ei und gehacktes Basilikum hinzugeben, alles kurz mixen, dann mit Salz und Pfeffer würzen. Die Masse in die Kastenform einschichten, die Oberfläche etwas glattstreichen und das Ganze wieder kalt stellen.

- Zum Schluss die Lachswürfel kurz pürieren, die Hälfte vom restlichen Zitronenabrieb, Dijon-Senf, restliche Sahne und das letzte Ei hinzugeben, alles kurz mixen, dann mit Salz und Pfeffer abschmecken. Die Masse in die Kastenform füllen und glattstreichen. Überstehenden Räucherlachs über der Masse zusammenschlagen, mit restlichem Zitronenabrieb bestreuen, dann das Backpapier von allen Seiten zur Formmitte hin einklappen. Die Oberseite zusätzlich mit einem Streifen Alufolie gut abdecken, mit einer Gabel einige Löcher hineinstechen und die Ränder gut andrücken.

- Die Kastenform auf ein tiefes Backblech stellen und in den heißen Ofen schieben. Das Blech zwei Drittel hoch mit Wasser füllen und die Terrine so 1 Stunde langsam garen. Folie entfernen, Terrine im ausgeschalteten offenen Backofen 1 Stunde abkühlen und anschließend 2 Stunden im Kühlschrank komplett auskühlen lassen.

- Vor dem Servieren ein Schneidebrett auf die Kastenform legen, gut andrücken und die Terrine mit Schwung umdrehen, um sie auf das Brett zu stürzen. Kastenform und Backpapier vorsichtig entfernen und die Terrine in Scheiben aufgeschnitten servieren. Dazu passen ein gemischter Salat, kleine Pellkartoffeln und ein Kräuterquark.

FISCHFILETS IN PATA NEGRA

Für vier Männer:

Für die Linsen:

- 400 g Belugalinsen
- 1 Lorbeerblatt
- 1 Zweig Thymian, Salz

Für die Marinade:

- 1 EL Aceto balsamico
- 2 EL Himbeeressig
- 1 EL Sojasauce
- 1 TL Dijon-Senf
- 2 EL Olivenöl
- Zucker
- Salz, Pfeffer aus der Mühle

Für die Joghurtcreme:

- 2 Schalotten
- 1 Knoblauchzehe
- 1 rote Chilischote
- ½ Bund Petersilie
- ½ Bund Basilikum
- 150 g Rahmjoghurt
- je 1 EL Dijon- und süßer Senf
- 100 g Kapern, 1 EL Rosinen

Für den Fisch:

- 4 Rotbarschfilets (à ca. 180 g)
- Abrieb von 1 Bio-Zitrone
- 1 Spritzer Zitronensaft
- 4 Zweige Rosmarin
- 4 Scheiben Pata Negra (span. Schinken vom Ibérico-Schwein)
- Olivenöl zum Braten
- 1 Bund Rucola

ZUBEREITUNGSZEIT: 30 Minuten (+ 40 Minuten Garzeit + 1 Stunde Marinierzeit)

- Linsen, Lorbeerblatt und gewaschenen Thymian in kochendem Wasser ca. 20 Minuten bei kleiner Hitze köcheln lassen, dann erst salzen und weitere 15 Minuten weich garen. In ein Sieb abgießen, abtropfen lassen und in eine Schüssel umfüllen.

- Für die Marinade alle Zutaten mit 1 Prise Zucker, Salz und Pfeffer in ein hohes Rührgefäß geben und kurz mit dem Stabmixer verquirlen. Marinade über die Linsen geben, alles gut vermengen und ca. 1 Stunde ziehen lassen.

- In der Zwischenzeit für die Joghurtcreme Schalotten und Knoblauch abziehen und sehr fein würfeln. Chilischote waschen, längs halbieren, entkernen und in feine Würfel schneiden. Petersilie und Basilikum waschen, trockenschütteln, Blätter abzupfen und fein hacken. Joghurt und beide Senfsorten verrühren. Schalotten-, Knoblauch- und Chiliwürfel, gehackte Kräuter, Kapern und Rosinen dazugeben, alles verrühren und die Creme mit Zucker, Salz und Pfeffer abschmecken. Abgedeckt im Kühlschrank kalt stellen.

- Den Fisch kalt abspülen und mit Küchenpapier trockentupfen, dann mit Zitronenabrieb, Zitronensaft und Pfeffer würzen. Rosmarinzweige waschen, trockenschütteln, etwas einkürzen und bis aus die Krone die Nadeln entfernen. Fischfilets in die Schinkenscheiben einrollen, je einen Rosmarinzweig längs in den Fisch stecken. Rosmarinnadeln anderweitig verwenden.

- Linsen und Joghurtcreme mischen, alles gut verrühren und noch einmal abschmecken.Fischfilets in einer beschichteten Pfanne in etwas Olivenöl kurz von allen Seiten anbraten, herausnehmen und kurz ruhen lassen. Rucola verlesen, waschen und trockenschleudern.

- Den Fisch zusammen mit den Linsen auf Tellern anrichten und mit Rucola garniert servieren.

MEIN TIPP:

Das Gericht lässt sich wunderbar am Vormittag vorbereiten und im Kühlschrank kalt stellen. Wenn abends die Gäste kommen, den Fisch nur noch im Ofen kurz bei 200 °C Umluft (220 °C Ober- und Unterhitze/Gas Stufe 4–5) 10 Minuten backen.

LACHSKOTELETT

— provençal —

Für vier Männer:

Für die Polentaschnitten:

-½ l Milch
-¼ l Gemüsebrühe
-1 EL Butter
-Muskatnuss, frisch gerieben
-Salz
-Pfeffer aus der Mühle
-250 g Polenta (Maisgrieß)
-2 EL Parmesan, frisch gerieben
-2 Eigelbe
-Abrieb von 1 Bio-Zitrone
-Olivenöl zum Einfetten und Braten

Für den Lachs:

-4 Lachssteaks (à 200 g)

Für die Marinade:

-1 EL Honig
-Saft von ½ Zitrone
-1 TL Tomatenmark
-4 EL Sojasauce
-2 EL Olivenöl
-1 TL Paprikapulver edelsüß
-1 Prise Cayennepfeffer
-½ TL Kräuter der Provence

ZUBEREITUNGSZEIT: **25 Minuten (+ 20 Minuten Garzeit + 1 Stunde Kühlzeit)**

- Für die Polentaschnitten Milch und Gemüsebrühe in einem Topf erhitzen, Butter dazugeben und schmelzen. Die Mischung mit Muskatnuss, ½ TL Salz und Pfeffer gut würzen. Polentagrieß einrieseln lassen, dabei mit einem Schneebesen kräftig rühren. Das Ganze unter ständigem Rühren 1 Minute kochen. Topf vom Herd nehmen, Parmesan, Eigelbe und Zitronenabrieb kurz kräftig und schnell einrühren und die Masse ohne weitere Hitzezufuhr 5 Minuten ziehen lassen.

- Eine Auflaufform mit etwas Olivenöl einfetten, die Polenta hineingeben, glattstreichen und im Kühlschrank ca. 1 Stunde auskühlen lassen.

- Für den Fisch den Backofen auf 220 °C Umluft (240 °C Ober- und Unterhitze/ Gas Stufe 5–6) vorheizen.

- Die Lachssteaks kalt abspülen und mit Küchenpapier trockentupfen. Für die Marinade alle Zutaten gut verrühren. Den Lachs durch die Marinade ziehen, auf ein mit Backpapier ausgelegtes Backblech legen und mit etwas mehr Marinade beträufeln. Den Fisch im heißen Ofen 5 Minuten backen, dann wenden, wieder mit Marinade beträufeln und nochmals 10 Minuten backen. Anschließend die Ofentür öffnen und den Lachs warm halten.

- Während der Lachs im Ofen ist, die Polenta aus der Auflaufform auf ein Schneidebrett stürzen und in gleich große Schnitten oder Dreiecke schneiden. Olivenöl in einer beschichteten Pfanne erhitzen und die Polentaschnitten darin bei mittlerer Hitze portionsweise goldbraun backen. Fertige Schnitten bis zum Servieren in der Auflaufform mit im Ofen warmstellen.

- Die Lachssteaks mit den Polentaschnitten auf Tellern anrichten und servieren. Dazu passt ein Rucolasalat mit Tomatenvinaigrette.

MEIN TIPP:

Wer möchte, kann die Polenta auch vor dem Braten in hellem Sesam wenden und dann langsam goldbraun braten, das gibt den Schnitten ein nussiges Aroma.

FELDJAEGER
Gemüse & Co.
129

– PIZZA –

Grundrezept

Für vier Männer:

Für den Teig:

- -500 g Mehl (Type 550 oder italienisches Pizza-Mehl Type 00) + etwas mehr für die Arbeitsfläche
- -½ TL Salz
- -1 Würfel frische Hefe (42 g)
- -2 EL Olivenöl + etwas mehr zum Einfetten

Für die Sauce:

- -500 g stückige Tomaten (aus der Dose)
- -2 EL Olivenöl
- -1 TL getrockneter Oregano
- -Zucker
- -Salz
- -Pfeffer aus der Mühle

Für den Belag:

- -Belag nach Wahl (z.B. Salami, Schinken, Thunfisch, Paprika ...)
- -150 g Pizzakäse, gerieben, oder Mozzarella, in Stücke zerpflückt
- -Rucola- und Basilikumblätter zum Bestreuen

ZUBEREITUNGSZEIT: **30 Minuten (+ 30 Minuten Ruhezeit + 12-15 Minuten Backzeit)**

- Für den Teig Mehl und Salz in einer Schüssel mischen, in die Mitte eine Mulde drücken. Hefe mit 100 Millilitern lauwarmem Wasser glattrühren. Wenn die Hefe vollständig aufgelöst ist, die Mischung in die Mulde gießen und Olivenöl dazugeben. Mit einer Hand das Mehl langsam in die Flüssigkeit einarbeiten. Dabei sollte die Hand gerade sein und die Finger sollten eine geschlossene Schaufel bilden. Noch einmal 200 Milliliter Wasser dazugeben und untermischen. Erst wenn die Flüssigkeit langsam gebunden ist, werden die Finger zum Kneten geöffnet und der Teig kräftig durchwirkt.

- Sobald sich die Masse vom Schüsselrand löst, auf der leicht bemehlten Arbeitsfläche weiterkneten, den Teig dabei immer wieder auseinanderziehen, übereinanderklappen und mit dem Handballen zusammendrücken. Er ist perfekt, wenn er sich geschmeidig-weich anfühlt und nicht mehr an den Händen klebt.

- Die Schüssel innen mit etwas Olivenöl einreiben, den Teig wieder hineinlegen, mit einem Tuch bedecken und an einem gleichmäßig warmen Ort 30 Minuten ruhen lassen, bis er leicht aufgegangen ist.

- In der Zwischenzeit je nach gewünschtem Belag die Zutaten vorbereiten. Für die Sauce die stückigen Tomaten in einem Sieb abtropfen lassen, mit dem Olivenöl verrühren und mit Oregano, 1 Prise Zucker, Salz und Pfeffer würzen. Den Backofen mit den Backblechen auf 230 °C Umluft (250 °C Ober- und Unterhitze/Gas Stufe 6) vorheizen. Backpapier auf Backblechgröße zuschneiden.

- Den Teig noch einmal durchkneten, halbieren und jeweils auf einem Bogen Backpapier 1–2 Zentimeter dick ausrollen – der Rand darf ruhig etwas dicker bleiben.

- Den Pizzateig mit der Tomatensalsa bestreichen, ganz nach Belieben mit Zutaten belegen, mit Pizzakäse oder Mozzarella bestreuen und nacheinander im heißen Ofen je nach Stärke des Belags 12–15 Minuten backen. Währenddessen Rucola- und Basilikumblätter verlesen, waschen, trockenschleudern und in mundgerechte Stücke zupfen.

- Die fertige Pizza aus dem Ofen nehmen und mit Rucola und Basilikum bestreut servieren.

KÜRBIS-RISOTTO

AUS DEM OFEN

Für vier Männer:

Für den Risotto:

- 250 g Risottoreis
- 1 EL Butter zum Einfetten der Form
- 1 Hokkaido-Kürbis (ca. 500 g)
- 1 Zwiebel
- ¾ l Gemüsebrühe
- 50 ml Weißwein
- Saft von 1 Orange
- 2 EL Olivenöl
- 1 Bund krause Petersilie
- 1 EL Butter
- 4 EL Parmesan, frisch gerieben
- Salz
- Pfeffer aus der Mühle

ZUBEREITUNGSZEIT: **15 Minuten (+ 1 Stunde Garzeit)**

- Den Risottoreis waschen und tropfnass in eine gefettete Auflaufform geben.

- Den Hokkaido-Kürbis waschen, putzen, vierteln und entkernen. Das Kürbisfleisch in mundgerechte Würfel schneiden. Die Zwiebel abziehen und in feine Würfel schneiden. Beides unter den Reis mischen. Gemüsebrühe, Weißwein, Orangensaft und Olivenöl mischen und über den Risotto geben. Alles gut verrühren. Auflaufform mit Alufolie sorgfältig verschließen und Risotto im heißen Ofen bei 180 °C Ober- und Unterhitze (160 °C Umluft/Gas Stufe 2-3) 1 Stunde backen.

- In der Zwischenzeit die Petersilie waschen, trockenschütteln, Blätter abzupfen und grob hacken – für die Garnitur 2 Esslöffel beiseitelegen. Nach 1 Stunde den Risotto aus dem Ofen nehmen und prüfen, ob der Reis gar ist, ansonsten noch einmal einige Minuten mehr in den Ofen schieben. Petersilie, Butter und Parmesan dazugeben und den Risotto mit einem Holzlöffel 1–2 Minuten durchrühren, dann mit Salz und Pfeffer abschmecken.

- Den Risotto mit der restlichen Petersilie bestreuen und am Tisch aus der Form heraus servieren.

MEIN TIPP:

Risotto ist ein wirklich schmackhaftes Gericht, nur leider scheuen viele das lange Rühren. Ich hoffe, Ihnen mit dieser einfachen Variante entgegenzukommen.

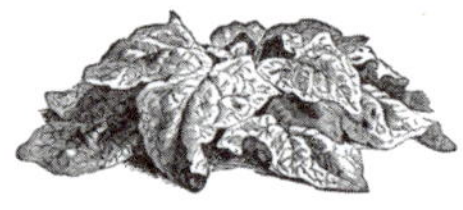

CANNELLONI

— MIT SPINAT-RICOTTA-FÜLLUNG —

Für vier Männer:

Für die Cannelloni:

- 1 kg tiefgekühlter Würzspinat
- 2 Brötchen
- 200 g Ricotta
- 1 Eigelb
- Salz
- Pfeffer aus der Mühle
- Semmelbrösel nach Bedarf
- 1 EL Olivenöl zum Einfetten der Form
- ca. 28 Cannellonirollen (ohne Vorkochen)
- 2 große Tomaten
- 2 Stängel Basilikum
- 200 g Gorgonzola
- 200 g Sahne
- 100 g Gratinkäse, geraspelt

Außerdem:

- Einwegspritzbeutel

ZUBEREITUNGSZEIT: **20 Minuten (+ 45 Minuten Garzeit)**

- Den Spinat mit einem Schuss Wasser in einem Topf bei niedriger Hitze auftauen. Brötchen in kleine Würfel schneiden, zusammen mit Ricotta, Eigelb und Spinat vermengen. Das Ganze mit Salz und Pfeffer kräftig würzen. Falls die Masse nicht fest genug ist, einige Esslöffel Semmelbrösel untermischen. Die Masse in einen Einwegspritzbeutel füllen.

- Eine ausreichend große Auflaufform mit Olivenöl einfetten. Cannellonirollen mit der Masse füllen und nebeneinander in die Form legen. Den Backofen auf 180 °C Umluft (200 °C Ober- und Unterhitze/ Gas Stufe 3–4) vorheizen.

- In der Zwischenzeit die Tomaten waschen und ohne Stielansatz in kleine Würfel schneiden. Basilikum waschen, trockenschütteln, Blätter abzupfen, fein hacken, mit den Tomaten vermengen und über die Röllchen geben.

- Gorgonzola und Sahne in einem kleinen Topf erwärmen, mit Salz und Pfeffer würzen, dann über die Röllchen gießen. Die Cannelloni mit Gratinkäse bestreut im heißen Ofen je nach Packungsanweisung 30–35 Minuten bissfest und goldbraun backen.

- Die Cannelloni am Tisch aus der Auflaufform heraus servieren.
  Mit einem Glas Wein und frischem Baguette wird aus dem einfachen Gericht ein richtiges Festessen.

MEIN TIPP:

Kaufen Sie eine Packung Einwegspritzbeutel – die sind zum Füllen oder Garnieren super! Alternativ können Sie die Füllmasse auch in Frischhaltebeutel füllen und zum Aufspritzen eine entsprechend kleine oder größere Beutelspitze abschneiden.

Backen Sie die Cannelloni doch einmal in einer Kuchenkastenform, stürzen Sie diese nach dem Backen und servieren Sie die Cannelloni in Scheiben geschnitten. Oder Sie lassen sie in der Form auskühlen und braten die Cannelloni am nächsten Tag in Scheiben geschnitten in der Pfanne nach.

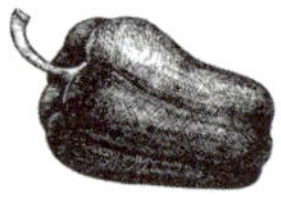

FALAFEL-BURGER

– MIT JOGHURT-MAYO –

Für vier Männer:

Für die Patties:

-400 g Kirchererbsen (aus der Dose)
-1 rote Zwiebel
-1 Knoblauchzehe
-1 Bund glatte Petersilie
-4 Stängel Koriandergrün
-2 EL Mehl
-½ TL Ras el Hanout (orientalische Gewürzmischung)
-Salz, Pfeffer aus der Mühle
-1 EL Sesamsamen
-1 EL Sesamöl zum Braten

Für die Burger:

-1 rote Zwiebel
-100 g eingelegte Grillpaprika (aus dem Glas)
-2 Gewürzgurken
-2 kleine Tomaten
-4 Kopf- oder Romanasalatblätter
-4 Pitabrote

Für die Mayo:

-4 EL Joghurt
-4 EL Mayonnaise
-Abrieb von 1 Bio-Limette
-1 Prise Cayennepfeffer
-Salz

ZUBEREITUNGSZEIT: 30 Minuten (+ 6–8 Minuten Garzeit)

- Die Kichererbsen in einem Sieb kalt abspülen und abtropfen lassen. Zwiebel und Knoblauch abziehen und fein würfeln.

- Petersilie und Koriander waschen, trockenschütteln und fein hacken. Die Kichererbsen in einer Schüssel mit dem Kartoffelstampfer oder einer Gabel fein musen, Zwiebel- und Knoblauchwürfel, Petersilie, Koriander, Mehl, Ras el Hanout unterrühren, dann mit Salz und Pfeffer abschmecken.

- Aus der Masse vier gleich große Kugeln formen, leicht plattdrücken und im Sesam wenden. Sesamöl in einer Pfanne erhitzen und die Kichererbsenpatties bei mittlerer Hitze von beiden Seiten 3–4 Minuten langsam goldbraun braten, dann herausnehmen und auf Küchenpapier abtropfen lassen.

- In der Zwischenzeit für die Burger die rote Zwiebel abziehen und in Ringe schneiden, die Grillpaprika auf Küchenpapier abtropfen lassen. Die Gewürzgurken schräg in Scheiben schneiden. Die Tomaten waschen und ohne Stielansatz in Scheiben schneiden.

- Die Salatblätter waschen und trockenschleudern. Pitabrote in einer Pfanne ohne Fett bei mittlerer Hitze kurz anrösten.

- Für die Joghurt-Mayo Joghurt, Mayonnaise und Limettenabrieb glattrühren, dann mit Salz und Cayennepfeffer abschmecken.

- Die Pitabrote mit der Joghurt-Mayo bestreichen, mit Salat, Tomate, Gurke, Grillpaprika und Zwiebel belegen, dann je einen Patty auflegen, Brot zusammenklappen, „Mund halten", genießen.

MEIN TIPP:

Lecker schmecken die Patties auch aus gekochten Linsen, die sehr energiereich sind und in der Mittagspause als gesunder Power-Burger „Starthilfe" in die zweite Tageshälfte leisten können.

BOHNEN-CHILI

• MIT SÜSSKARTOFFELN •

Für vier Männer:

Für das Chili:

- 1 Zwiebel
- 1 Knoblauchzehe
- 1 rote oder grüne Chilischote
- 2 EL Olivenöl
- 200 g Süßkartoffeln
- 2 EL Tomatenmark
- 1 EL Paprikapulver edelsüß
- 500 g stückige Tomaten (aus der Dose)
- ½ l Gemüsebrühe oder Wasser
- 250 g Kidneybohnen
- 150 g Maiskörner
- 200 g weiße kleine Bohnen (aus der Dose)
- Zucker
- Salz
- Pfeffer aus der Mühle

ZUBEREITUNGSZEIT: **15 Minuten (+ 35 Minuten Garzeit)**

- Zwiebel und Knoblauch abziehen und fein würfeln. Chilischote waschen, längs halbieren, entkernen und ebenfalls in kleine Würfel schneiden. Zwiebel-, Knoblauch- und Chiliwürfel in einem Topf im heißen Olivenöl bei mittlerer Hitze glasig schwitzen.

- In der Zwischenzeit die Süßkartoffeln schälen, waschen und in mundgerechte Würfel schneiden.

- Tomatenmark und Paprikapulver zur Zwiebelmischung geben und kurz mitschwitzen. Stückige Tomaten und Gemüsebrühe hinzugeben.

- Kidneybohnen, Mais und weiße Bohnen abgießen, abspülen und zusammen mit den Kartoffelwürfeln in die Sauce geben. Das Ganze bei mittlerer Hitze ca. 25 Minuten köcheln lassen, bis die Kartoffeln weich sind, dabei gelegentlich umrühren.

- Vor dem Servieren das Bohnen-Chili mit 1 Prise Zucker, Salz und Pfeffer abschmecken.

MEIN TIPP:

Wer möchte, kann zusätzlich etwas geräucherten Tofu dazugeben.
Wer keine Kartoffeln hat oder mag, gibt kurz vor dem Servieren 200 g gegarten Reis dazu.

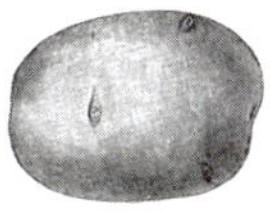

VEGGIE-BURGER

Für vier Männer:

Für die Brötchen:

- 5 EL Milch
- 1 TL Honig
- 1 Würfel frische Hefe (42 g)
- 500 g Mehl (Type 550)
- 1 EL weiche Butter + etwas mehr zum Einfetten
- Salz
- 2 Eier
- 2 EL Milch
- 1 EL Sesam

Für die Bratlinge:

- 100 g Pumpernickel
- 1 Laugenstange
- 1 EL Erdnüsse oder Wasabi-Erbsen
- 2 weich gekochte Kartoffeln
- 100 g herzhafter Bergkäse
- 4 Trockenpflaumen
- 2 EL Haferflocken
- 2 Eier
- 1 EL weiche Butter
- Salz, Pfeffer aus der Mühle

Für den Dip:

- 4 EL Mayonnaise
- 1 EL Dijon-Senf
- 2 EL süßer Senf
- 4 EL Sojasauce
- 1 EL Ahornsirup

Außerdem:

- Waffeleisen

ZUBEREITUNGSZEIT: **20 Minuten (+ 15 Minuten Backzeit + 1 Stunde Ruhezeit)**

- Für die Brötchen 200 ml lauwarmes Wasser, Milch und Honig in eine Schüssel geben und die Hefe hineinbröseln. Das Ganze ca. 5 Minuten stehen lassen, dann Mehl, Butter, ½ Teelöffel Salz und 1 Ei untermengen, am besten geht das mit einer Profiküchenmaschine. Alles zu einem geschmeidigen Teig kneten.

- Die Schüssel innen mit etwas Butter einfetten, den Teig wieder hineinlegen, mit einem Küchentuch bedecken und an einem gleichmäßig warmen Ort 30 Minuten ruhen lassen, bis er leicht aufgegangen ist. Den Backofen auf 180 °C Umluft (200 °C Ober- und Unterhitze/Gas Stufe 3–4) vorheizen.

- Den Teig in zwölf gleich große Stücke aufteilen, in der Hand zu gleichmäßigen Kugeln formen, auf ein mit Backpapier ausgelegtes Backblech legen und mit der Handfläche leicht plattdrücken. Die Teiglinge abgedeckt nochmals 30 Minuten gehen lassen.

- Restliches Ei, Milch und 2 EL Wasser verrühren. Die Teiglinge damit bestreichen, dann mit Sesam bestreuen und im heißen Ofen 15–18 Minuten goldbraun backen.

- Für die Bratlinge in einer Küchenmaschine oder mit dem Messer Pumpernickel, Laugenstange sowie Erdnüsse zerkleinern und in eine Schüssel geben. Kartoffeln pellen und durch die Presse drücken. Bergkäse fein raspeln. Pflaumen fein hacken. Pumpernickel- und Laugenstücke, gehackte Erdnüsse, Kartoffelbrei, geriebenen Bergkäse, gehackte Pflaumen, Haferflocken, Eier und Butter kurz, aber sorgfältig durchkneten, dann die Masse mit Salz und Pfeffer abschmecken. Aus dem Teig golfballgroße Kugeln formen.

- Für den Dip Mayonnaise, Dijon-Senf, süßen Senf, Sojasauce und Ahornsirup sorgfältig verrühren.

- Ein Waffeleisen mit Butter leicht einfetten (alternativ etwas Butter in einer Pfanne zerlassen) und die Pumpernickelkugeln darin 2–3 Minuten backen. Die goldbraunen Buns aus dem Ofen holen, abkühlen lassen, dann aufschneiden, mit Dip bestreichen, mit den Pumpernickel-Getreide-Bratlingen sowie weiteren Zutaten nach Belieben belegt genießen.

RAVIOLI

rossi

Für vier Männer:

Für das Basilikumpesto:
- 50 g Pinienkerne
- 1 Bund frisches Basilikum
- 1 Bund glatte Petersilie
- 2 Knoblauchzehen
- 200 ml gutes Olivenöl
- Saft von 1 Zitrone
- Salz, Pfeffer aus der Mühle

Für den Teig:
- 1 Glas Rote Bete (200 g)
- 300 g Mehl
- 100 g Hartweizengrieß
- Salz, 3 Eigelbe
- 1 EL Olivenöl
- Mehl für die Arbeitsfläche
- 1 Eiweiß zum Bestreichen

Für die Füllung:
- 100 g Couscous
- 200 ml Gemüsebrühe
- 2 Stängel Basilikum
- 5 Champignons
- 100 g Ricotta, 1 Eigelb
- 1 EL Meerrettich

Für die Garnitur:
- 200 g Parmesan am Stück
- 1 kleine Handvoll Rucolablätter zum Bestreuen

Außerdem:
- Nudelmaschine
- gezackter runder Ausstecher

ZUBEREITUNGSZEIT: 45 Minuten (+ 3–4 Minuten Garzeit + 15 Minuten Ruhezeit)

- Für das Pesto die Pinienkerne in einer beschichteten Pfanne ohne Fett bei mittlerer Hitze goldbraun rösten. Basilikum und Petersilie waschen, trockenschütteln und die Blätter abzupfen. Knoblauch abziehen. Olivenöl und Knoblauch mit dem Stabmixer kurz mixen, dann Pinienkerne, Basilikum, Petersilie, Knoblauch und Zitronensaft hinzugeben. Alles kurz pürieren – die Kräuter dürfen ruhig noch etwas grob sein. (Frische Kräuter stets nur kurz mixen, weil sie sonst schnell braun und bitter werden.) Das Pesto mit Salz und Pfeffer würzen und beiseitestellen.

- Für den Nudelteig die Rote Bete in ein feines Sieb abgießen und abtropfen lassen, dabei den Saft auffangen. Rote Bete im sauberen Messbecher mit dem Stabmixer fein pürieren, eventuell etwas vom Saft dazugeben. Püree durch ein feines Sieb streichen und mit Mehl, Hartweizengrieß, 1 Prise Salz, Eigelben und Olivenöl in einer Schüssel zu einem geschmeidigen Teig verkneten, nach Bedarf etwas mehr Mehl oder Rote-Bete-Saft hinzugeben. Den Teig in Frischhaltefolie wickeln und bis zur weiteren Verwendung im Kühlschrank ruhen lassen.

- Für die Füllung den Couscous in einer Schüssel mit kochender Brühe übergießen. Körner mit einer Gabel lockern und ca. 10 Minuten ziehen lassen. Basilikum waschen, Blätter fein hacken. Champignons trocken abreiben, fein hacken und mit Couscous, Basilikum, Ricotta, Eigelb und Meerrettich mischen. Mit Salz und Pfeffer würzen.

- Den Nudelteig in vier Portionen aufteilen und von Stufe 1 bis 5 durch die Nudelmaschine drehen, bis die Teigplatten schön dünn sind.

- Die Platten auf der bemehlten Arbeitsfläche auslegen. Esslöffelweise mit einigem Abstand die Füllung auf zwei der Platten geben. Die Zwischenräume mit Eiweiß einpinseln und die beiden anderen Platten auflegen. Ränder um die Masse gut andrücken und mit dem Ausstecher Ravioli ausstechen.

- Ausreichend Wasser mit dem restlichen Rote-Bete-Saft und -püree aufkochen, dann leicht salzen. Ravioli dazugeben und 3–4 Minuten garziehen lassen. Mit einem Schaumlöffel herausheben und gut abtropfen lassen. Vom Parmesan mit dem Sparschäler Späne abhobeln. Den Rucola verlesen, waschen und trockenschütteln.

- Die Ravioli in vorgewärmten tiefen Tellern anrichten, Pesto darüber verteilen und das Ganze mit Parmesanspänen und Rucolablättern bestreut servieren.

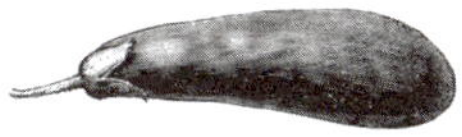

GEMÜSE-LASAGNE

Für vier Männer:

Für die Lasagne:
- 12–14 Lasagneblätter
- Salz
- 2 Auberginen
- 3 Zucchini
- 4 große Tomaten
- 12 kleine Kirschtomaten
- 400 g Schafskäse
- 1 Zwiebel
- 1 Knoblauchzehe
- 400 g stückige Tomaten (aus der Dose)
- 100 g Tomatenmark
- 1 TL Paprikapulver edelsüß
- 1 TL Cayennepfeffer
- 1 TL getrockneter Oregano
- 200 ml Milch
- 200 g Sahne
- 1 TL Speisestärke
- 1 EL Parmesan, frisch gerieben
- Pfeffer aus der Mühle
- Olivenöl zum Einfetten
- 4 Kugeln Mozzarella (à 125 g)

ZUBEREITUNGSZEIT: **20 Minuten (+ 30 Minuten Backzeit)**

- Die Lasagneblätter 2–3 Minuten in kochendem Salzwasser garen. Platten herausnehmen und kalt abspülen, dann auf der Arbeitsplatte auf einem Küchentuch auslegen.
- Auberginen und Zucchini waschen und ohne die Enden der Länge nach in Scheiben schneiden. Auberginenscheiben mit etwas Salz einreiben.
- Die Tomaten waschen und ohne Stielansatz in Scheiben schneiden. Kirschtomaten waschen und halbieren. Schafskäse fein würfeln.
- Zwiebel und Knoblauch abziehen und in feine Würfel schneiden. Zwiebel- und Knoblauchwürfel mit Dosentomaten, Tomatenmark, Paprikapulver, Cayennepfeffer und Oregano verrühren.
- Milch, Sahne, Speisestärke und Parmesan glattrühren, dann die Béchamelsauce mit Salz und Pfeffer würzen und kurz aufkochen. Auberginenscheiben mit Küchenpapier abtupfen und dabei das Salz etwas abreiben. Den Backofen auf 200 °C Umluft (220 °C Ober- und Unterhitze/Gas Stufe 4–5) vorheizen.
- Eine Auflaufform mit Olivenöl einfetten. Mozzarellakugeln mit Küchenpapier trockentupfen und in kleine Stücke zerrupfen oder grob reiben. Lasagneblätter, Béchamelsauce, Gemüse, Tomatensugo und Schafskäse abwechselnd einschichten. Auf den letzten Lasagneblättern noch eine Schicht Tomatensugo und Sauce verteilen, abschließend das Ganze mit Mozzarella bestreuen.
- Die Lasagne im heißen Ofen 30–40 Minuten goldbraun backen.

MEIN TIPP:

Bei Hackfleischlasagne braucht man die Lasagneblätter in aller Regel nicht vorzukochen. Da die Füllung der Gemüselasagne etwas weniger Feuchtigkeit besitzt, sollten Sie die Blätter vor der Weiterverarbeitung leicht garen.

Wer Zeit und Lust hat, kann die Lasagneblätter mit hauchdünn geschnittenem blanchiertem Gemüse auch füllen, aufrollen und dann in der Sauce backen.

NUDEL-FRITTATA

Für vier Männer:

Für die Frittata:

- 200 g grüne Bandnudeln
- 200 g helle Bandnudeln (alternativ ca. 250 g Nudeln vom Vortag)
- Salz
- 400 g stückige Tomaten (aus der Dose)
- 1 TL getrockneter Oregano
- Zucker
- Pfeffer aus der Mühle
- Olivenöl zum Einfetten
- 3 Kugeln Mozzarella (à 125 g)
- 4 Eier
- 100 g Crème fraîche
- 4 EL Parmesan, frisch gerieben

Außerdem:

- Muffinbackblech mit 12 Mulden

ZUBEREITUNGSZEIT: **20 Minuten (+ 25 Minuten Backzeit)**

- Die Nudeln in leicht gesalzenem Wasser nach Packungsanweisung bissfest garen, dann abgießen, kalt abspülen und in einem Sieb abtropfen lassen. Den Backofen auf 180 °C Umluft (200 °C Ober- und Unterhitze, Gas Stufe 3–4) vorheizen.

- Tomaten und Oregano verrühren, mit 1 Prise Zucker, Salz und Pfeffer würzen. Nudeln dazugeben und alles gut vermengen. Mulden des Muffinbackblechs mit etwas Olivenöl einfetten. Die Nudeln mit einer Gabel leicht aufdrehen und in die Förmchen verteilen.

- Den Mozzarella mit Küchenpapier trockentupfen, jede Kugel in 4 Scheiben schneiden. Eier, Crème fraîche und Parmesan verrühren, mit Salz und Pfeffer würzen und über die Nudeln verteilen. Je eine Mozzarellascheibe auflegen und das Ganze im Ofen ca. 25 Minuten goldbraun backen, bis die Eiermasse gestockt ist.

MEIN TIPP:

Das ist ein super Resterezept, wenn Nudeln vom Vortag übrig sind. Geschmacklich können Sie hier natürlich vielseitig kombinieren, z. B. mit Paprikasalami, Lachsstücken oder Gemüse – schauen Sie einfach, was im Kühlschrank oder in der Frischhaltebox schlummert. Anstatt Lebensmittel wegzuwerfen, eignen sich Aufläufe hervorragend, um Lebensmittelreste zu verarbeiten. Einfach köstlich, einfach günstig, weil die Zutaten eh da sind. Damit tun Sie auch dem Planeten etwas Gutes – dem wahrscheinlich einzigen, auf dem es Nudeln gibt.

Muffinportionen eignen sich super als Snack oder Beilage. Wer möchte, kann das Ganze auch in eine feuerfeste Form geben und im Ganzen backen.

- HERZHAFTE -

RICOTTA-NOCKEN

Für vier Männer:

Für die Knödel:

- 500 g Ricotta
- 3–4 EL Ajvar
- 8 getrocknete Tomaten (in Öl eingelegt)
- 4 Stängel Basilikum
- 10–12 schwarze Oliven (ohne Stein)
- Salz, Pfeffer aus der Mühle
- 3 sehr frische Eier
- 2 EL Speisestärke
- 6–8 EL Semmelbrösel
- Hartweizengrieß zum Wälzen
- Olivenöl zum Braten

Für die Beilage:

- 1 Aubergine
- je 1 rote und gelbe Paprikaschote
- 1 gelbe Zucchini
- 2 grüne Zucchini
- 1 Schale Kirschtomaten (200 g)
- 2 rote Zwiebeln
- 2 Knoblauchzehen
- 2 Zweige Rosmarin
- 4 EL Olivenöl
- Zucker
- Pfeffer, grob zerstoßen

Für die Garnitur:

- 200 g Cashewkerne
- ½ TL scharfes Currypulver
- Salz, 1 Bund Rucola

ZUBEREITUNGSZEIT: 30 Minuten (+ 15 Minuten Garzeit + 15 Minuten Kühlzeit)

- Ricotta und Ajvar kräftig verrühren. Getrocknete Tomaten auf Küchenpapier abtropfen lassen. Basilikum waschen und trockenschütteln. Die Blätter mit Tomaten und Oliven fein hacken, unter die Ricottamasse rühren und mit Salz und Pfeffer würzen.

- Die Eier trennen. Eiweiße mit 1 Prise Salz zu steifem Schnee schlagen. Eigelbe und Speisestärke unter die Ricottamasse rühren, dann den Eischnee unterheben. Löffelweise so viele Semmelbrösel einrühren, bis die Masse die Konsistenz von Kartoffelpüree hat. Masse abdecken und im Kühlschrank 15 Minuten kalt stellen. Den Backofen auf 220 °C Umluft (240 °C Ober- und Unterhitze/Gas Stufe 5–6) vorheizen.

- In der Zwischenzeit für die Beilage die Aubergine waschen, ohne Enden der Länge nach halbieren und die Schnittflächen mit etwas Salz einreiben (dadurch zieht die Aubergine Wasser und wird weich). Paprikaschoten waschen, halbieren, entkernen und in Streifen schneiden. Zucchini waschen und ohne Enden ebenfalls in Streifen schneiden. Kirschtomaten waschen und halbieren.

- Zwiebeln und Knoblauch abziehen. Die Zwiebeln in Streifen schneiden, den Knoblauch fein würfeln. Rosmarin waschen, trockenschütteln, Nadeln abzupfen und fein hacken. Auberginenhälften mit Küchenpapier abtupfen – dabei das Salz etwas abreiben – und in Streifen schneiden. Gesamtes Gemüse und Rosmarin auf einem Backblech mit Olivenöl gut vermengen, mit 1 Prise Zucker, Salz sowie Pfeffer würzen. Im heißen Ofen ca. 10 Minuten garen. Nochmals durchmengen und weitere 5 Minuten garen, bis es bräunt.

- Währenddessen die Cashewkerne in einer beschichteten Pfanne ohne Fett bei mittlerer Hitze langsam goldbraun rösten, dann in eine Schüssel umfüllen und mit Currypulver sowie Salz gut mischen. Rucola verlesen, waschen und trockenschleudern.

- Von der Ricottamasse Nocken abstechen, im Hartweizengrieß wälzen und in einer Pfanne im heißen Olivenöl bei mittlerer Hitze goldgelb braten.

- Das Gemüse auf Tellern anrichten, Nocken auflegen und das Ganze mit Cashewkernen und Salat bestreut servieren.

MEIN TIPP:

Die Ricottacreme eignet sich auch sehr gut als Dip zum Grillen.

KARTOFFELGRATIN

Für vier Männer

KARTOFFELGRATIN - ZUBEREITUNGSZEIT: 10 Minuten (+ 30 Minuten Backzeit)

6 große vorwiegend festkochende Kartoffeln schälen, waschen, längs halbieren, mit der Schnittfläche nach unten auf das Brett legen und nun in 1 Zentimeter dicke Scheiben schneiden, ohne dass die Hälften auseinanderfallen. Den Backofen auf 180 °C Umluft (200 °C Ober- und Unterhitze/Gas Stufe 3–4) vorheizen.

1 kleine Knoblauchzehe abziehen, sehr fein würfeln und mit **1 EL Olivenöl** mischen. Eine Auflaufform mit dem Knoblauchöl einpinseln, die Kartoffelhälften mit der Schnittfläche nach unten hineinlegen und ganz leicht schräg auseinanderdrücken.

400 g Sahne mit **frisch geriebener Muskatnuss, Salz** und **Pfeffer aus der Mühle** kräftig würzen, mit einem Schneebesen leicht anschlagen und über die Kartoffeln gießen.

Kartoffeln im heißen Ofen 30–40 Minuten backen, bis die Kartoffeln weich sind und die Sahne schön gebräunt ist.

ÜBERBACKENE OFENKARTOFFELN - ZUBEREITUNGSZEIT: 15 Minuten (+ 30 Min. Garzeit)

4 große vorwiegend festkochende Kartoffeln gründlich waschen und in kochendem **Salz**wasser 15 Minuten garen. Herausnehmen und der Länge nach halbieren.

1 Knoblauchzehe und **2 Schalotten** abziehen und fein hacken. **Blätter von 2 Zweigen Thymian** abstreifen und fein hacken. **2 Frühlingszwiebeln** putzen, waschen und in feine Ringe schneiden.

1 kleine Chorizo fein würfeln. Eine beschichtete Pfanne ohne Fett erhitzen und die Wurstwürfel mit dem Knoblauch und den Schalottenwürfeln darin bei mittlerer Hitze langsam rösten. **100 ml Milch** mit dem Thymian in einem Topf erwärmen.

Die Kartoffeln mit einem Löffel aushöhlen, dabei einen kleinen Rand stehen lassen.Die ausgehöhlten Kartoffelstücke in eine Schüssel geben, Milch hinzufügen und die Kartoffeln grob zerdrücken.
2 EL Crème fraîche, Chorizo und Frühlingszwiebeln dazugeben, unterheben, mit Salz, **Pfeffer aus der Mühle** und **frisch geriebener Muskatnuss** gut abschmecken.

Die Kartoffeln mit **150 g geriebenem Gruyère** bestreuen und im vorgeheizten Backofen bei 180 °C Umluft (200 °C Ober- und Unterhitze/Gas Stufe 3) ca. 15 Minuten goldbraun backen.

POTATO-HELDEN

BRAT- & RÖSTKARTOFFELN

Für vier Männer

BRATKARTOFFELN – ZUBEREITUNGSZEIT: **35 Minuten (+ 25 Minuten Garzeit)**

1 kg mittelgroße vorwiegend festkochende Kartoffeln waschen und mit Schale in reichlich kochendem Wasser mit **1 EL Salz, 10 Kümmelsamen und 1 EL Rapsöl** ca. 15 Minuten garen, allerdings nicht zu weich kochen.

In der Zwischenzeit **2 Zwiebeln** abziehen, längs halbieren und in Streifen schneiden. **1 Bund glatte Petersilie** waschen und trockenschütteln, Blätter abzupfen und fein schneiden.

Kartoffeln abgießen, ausdampfen lassen, noch heiß pellen, ganz auskühlen lassen und in Scheiben schneiden. In einer Pfanne **3 EL Öl** erhitzen, Kartoffelscheiben hineingeben und bei mittlerer Hitze goldbraun braten. Wenn sie teils schon leicht braun sind, **100 g durchwachsenen Räucherspeck** (gewürfelt) hinzugeben und kurz mitbraten. Abschließend Zwiebelstreifen unterheben und erhitzen. Das Ganze mit **Salz** und **grobem Steakpfeffer** abschmecken.

Kurz vor dem Servieren **1 EL Butter** und Petersilie hinzugeben und alles noch einmal durchschwenken.

MEIN TIPP:

Die Knollen nicht zu weich kochen, sonst zerfallen sie beim Braten. Wichtig: Die Pfanne nicht zu oft schwenken. Geben Sie den Kartoffeln Zeit, langsam braun und kross zu werden. Bei größeren Mengen lieber in zwei Etappen braten und zum Schluss einmal alles zusammen kräftig erhitzen und durchschwenken. Wer die zwiebelige Schärfe nicht so sehr mag, gibt die Zwiebelstreifen etwas eher mit dem Speck dazu.

RÖSTKARTOFFELN – ZUBEREITUNGSZEIT: **15 Minuten (+ 15–20 Minuten Garzeit)**

800 g mittelgroße vorwiegend festkochende Kartoffeln schälen, waschen und in kleine Würfel schneiden. Kartoffelwürfel in etwas kaltem Wasser baden, abgießen und auf einem Küchentuch gut abtrocknen, dann spritzen sie beim Braten nicht.

2 Zweige Rosmarin waschen, trockenschütteln, Nadeln abzupfen und fein hacken. In einer Pfanne **4–6 EL Rapsöl** erhitzen und die Kartoffelwürfel darin bei mittlerer Hitze 15–20 Minuten goldbraun braten, dabei gelegentlich wenden.

Wenn die Kartoffelwürfel fertig sind, **1 EL Butter** und gehackten Rosmarin dazugeben und alles mit **Salz** und **Pfeffer aus der Mühle** abschmecken.

REZEPTE
-SEITE-
148-152

POTATO-HELDEN

RÖSTI & KLÖSSE

Für vier Männer

RÖSTI – ZUBEREITUNGSZEIT: **20 Minuten (+ 30 Minuten Garzeit + 20 Minuten Abkühlzeit)**

1 kg mittelgroße festkochende Kartoffeln waschen und mit Schale in kochendem Wasser mit **1 EL Salz, 10 Kümmelsamen und 1 EL Rapsöl** 15 Minuten garen, allerdings nicht zu weich kochen.

Kartoffeln abgießen, ausdampfen lassen, noch heiß pellen, 20 Minuten auskühlen lassen und grob raspeln. Die Masse mit **frisch geriebener Muskatnuss, Salz** und **grob zerstoßenem Pfeffer** würzen.

2 EL Butterschmalz in einer Pfanne erhitzen. Kartoffelraspel dazugeben und in der Pfanne kurz leicht durchrühren, dann zu einem großen Taler formen und bei mittlerer Hitze ca. 15 Minuten langsam rösten. Die Pfanne mit einem großen Teller abdecken und beides mit Schwung umdrehen, sodass die Rösti aus der Pfanne auf den Teller fällt.

2 EL Butterschmalz in die Pfanne geben, Rösti nun mit der ehemaligen Oberseite nach unten wieder hineingleiten lassen und weitere 15 Minuten zu Ende braten.

MEIN TIPP:

Anstelle einer großen Rösti können Sie auch mehrere kleine braten. Statt gekochter Kartoffeln können Sie Rösti auch aus frischen Kartoffeln zubereiten. Dazu die Kartoffeln raspeln, salzen und gut ausdrücken. Die Rösti bei schwacher bis mittlerer Hitze etwas länger garen.

KARTOFFELKLÖSSE – ZUBEREITUNGSZEIT: **30 Minuten (+ 20 Minuten Garzeit)**

1 kg mittelgroße mehligkochende Kartoffeln waschen und mit Schale in reichlich kochendem **Salz**wasser ca. 20 Minuten weich garen. Kartoffeln abgießen, kurz ausdampfen lassen, noch heiß pellen und direkt mit dem Kartoffelstampfer grob zerdrücken oder durch die Presse drücken.

Kartoffelbrei mit **100 g Mehl, 2 Eiern, frisch geriebener Muskatnuss, 1 Prise Salz** und **Pfeffer aus der Mühle** verkneten. Sollte der Teig zu weich sein, etwas mehr Mehl unterarbeiten.

Den Teig mit den Händen zu gleichmäßigen limettengroßen Klößen formen. Die Klöße in kochendes Salzwasser geben und ohne Deckel bei schwacher Hitze ca. 20 Minuten gar ziehen lassen.

Die Klöße mit einem Schaumlöffel herausholen, abtropfen lassen und in eine Schüssel geben. Mit etwas **gebräunter Butter** beträufeln und mit **Semmelbröseln** bestreut servieren.

POTATO-HELDEN

PÜREE & GNOCCHI

Für vier Männer

KARTOFFELPÜREE – ZUBEREITUNGSZEIT: 30 Minuten

1 kg mittelgroße mehligkochende Kartoffeln schälen, waschen, in grobe Würfel schneiden und in reichlich kochendem **Salz**wasser ca. 15 Minuten bei mittlerer Hitze weich garen.

In der Zwischenzeit **250 ml Milch** und **1 EL Butter** erwärmen und mit **frisch geriebener Muskat-nuss, Salz** und **Pfeffer aus der Mühle** kräftig würzen.

Kartoffeln abgießen, ausdampfen lassen, noch heiß pellen und direkt mit dem Kartoffelstampfer grob zerdrücken oder durch die Presse drücken. Milch-Butter-Mischung hinzugeben und leicht unterrühren, dann das Ganze noch einmal mit Muskatnuss und Salz abschmecken.

MEIN TIPP:

Geben Sie ruhig Geschmack zum Püree, wie z.B. Wasabipaste, gehackte Oliven, Kräuter oder Trüffelöl. Oder Sie kochen das Püree einmal halb und halb mit Kürbis oder Steckrübe.

GNOCCHI – ZUBEREITUNGSZEIT: 40 Minuten (+ 25 Minuten Garzeit + 30 Minuten Ruhezeit)

800 g vorwiegend festkochende Kartoffeln waschen und in **Salz**wasser 20 Minuten weich kochen. Abgießen, ausdampfen lassen, pellen, durch die Presse drücken und 15 Minuten auskühlen lassen.

250 g feinen Hartweizengrieß, 1 Ei und **1 TL Salz** dazugeben und alles kurz zu einem Teig durchkneten. Die Masse auf der be**mehl**ten Arbeitsfläche zu fingerdicken Rollen formen, in ca. 2 cm dicke Stücke schneiden und mit den Zinken einer Gabel leicht andrücken. Gnocchi auf einem Küchentuch verteilen, mit Mehl bestäuben und ca. 30 Minuten trocknen lassen.

Reichlich Wasser mit Salz erhitzen, die Gnocchi hineinlegen und bei mittlerer Hitze ca. 5 Minuten leicht sieden lassen, bis sie an die Wasseroberfläche steigen.

2 EL Butter und **8–10 Salbeiblätter** in einer Pfanne erhitzen. Gnocchi mit einer Schaumkelle aus dem Wasser nehmen, gut abtropfen lassen und in die Pfanne geben. Klößchen in der Butter schwenken und erhitzen, bis die Butter leicht karamellisiert.

Die Gnocchi mit **Salz** und **Pfeffer aus der Mühle** abschmecken, in vorgewärmte tiefe Teller geben und mit **frischen Parmesanspänen** bestreut servieren.

AUF ZUCKER

Nachspeisen & Co.

155

REICHER LORD

Für vier Männer:

Für den Mangosalat:
- 100 g Zucker
- 100 ml Weißwein
- 200 ml Orangensaft
- 2 Mangos
- 1 Vanilleschote
- 100 g Haselnüsse, gehackt
- 4 Stängel Minze
- Saft von ½ Zitrone
- 1 TL Honig

Für den Lord:
- 8 Scheiben Kastenweißbrot (alternativ großes Sandwichbrot)
- 3 Eigelbe
- 1 EL Zucker
- ¼ l Milch
- Abrieb von 1 Bio-Zitrone
- 1 Prise Salz
- 4 EL weiche Nuss-Nougat-Creme
- 4 TL Pflaumenmus (alternativ Frucht-Konfitüre)

Außerdem:
- Butterschmalz zum Braten
- Zimt-Zucker-Mischung zum Bestreuen

ZUBEREITUNGSZEIT: 30 Minuten (+ 25 Minuten Garzeit)

- Für den Mangosalat den Zucker in einem Topf bei leichter Hitze hellbraun karamellisieren, mit Weißwein und Orangensaft ablöschen. Die Flüssigkeit bei leichter Hitze auf die Hälfte der Menge einkochen.
- In der Zwischenzeit die Mangos schälen, Fruchtfleisch vom Stein schneiden, fein würfeln und in eine Schüssel geben. Die Vanilleschote längs einritzen und das Mark herauskratzen. Das Vanillemark zur Mango hinzufügen, die Schote in den Sud geben.
- Die Haselnüsse in einer beschichteten Pfanne ohne Fett leicht rösten und ebenfalls zur Mango geben. Minze waschen, trockenschütteln, 4 Minze-Kronen abzupfen und als Garnitur beiseitelegen, restliche Blätter fein hacken. Stängel zum Sud geben.
- Den Sud vom Herd nehmen, leicht auskühlen lassen und über die Mango gießen. Alles gut durchrühren, mit etwas Zitronensaft und Honig nachschmecken. Vor dem Servieren Vanilleschote und Minzestängel entfernen.
- Die Brotscheiben im Toaster hell toasten und auskühlen lassen. In der Zwischenzeit Eigelbe und Zucker mit den Quirlen des Handrührgeräts oder dem Schneebesen leicht anschlagen, dann mit Milch, Zitronenabrieb und 1 Prise Salz gut verrühren.
- Die Hälfte der Brotscheiben mit Nuss-Nougat-Creme, die andere Hälfte mit dem Pflaumenmus bestreichen und zusammenklappen. Butterschmalz in der Pfanne leicht erhitzen. Die Brotscheiben durch die Eiermasse ziehen und im heißen Fett bei mittlerer Hitze von beiden Seiten langsam goldbraun braten. Scheiben herausnehmen und auf Küchenpapier abtropfen lassen.
- Vor dem Servieren die Brotscheiben diagonal halbieren und leicht mit der Zimt-Zucker-Mischung bestreuen. Den Mangosalat separat dazu reichen.

MEIN TIPP:

Wenn Kinder mitessen, ersetzen Sie den Weißwein für den Mangosud einfach durch die identische Menge Fruchtsaft.

Je nach Saison passen zum Beispiel im Sommer hierzu auch einfach ein paar frische gewaschene und leicht gezuckerte Beeren.

ERDNUSS-HIMBEER-EIS

• MIT ROSMARIN •

Für vier Männer:

Für das Eis:
- 1 Vanilleschote (alternativ 1 Päckchen Vanillezucker)
- 200 g Erdnussbutter crunchy
- 250 g Sahne
- 120 ml Milch
- 50 g Zucker
- 2 Eigelbe
- 1 Zweig Rosmarin
- 250 g Himbeeren

Außerdem:
- Eismaschine
- Frischhaltebox

ZUBEREITUNGSZEIT: 20 Minuten (+ 40-60 Minuten Gefrierzeit)

- Die Vanilleschote längs einritzen und das Mark herauskratzen. Erdnussbutter und Vanillemark samt -schote mit Sahne, Milch und Zucker in einem Topf langsam erwärmen, bis sich die Erdnussbutter und der Zucker aufgelöst haben.

- Die Eigelbe mit einigen Esslöffeln der warmen Masse zügig glattrühren, dann langsam in die Erdnusssahne einrühren. Die Masse bei kleiner Hitze 1–2 Minuten erwärmen, aber nicht kochen. Den Topf vom Herd nehmen, die Masse in eine Schüssel umfüllen und im Kühlschrank kalt stellen.

- Den Rosmarin waschen, trockenschütteln, Nadeln abzupfen und sehr fein hacken. Je nach Größe der Eismaschine die Hälfte der abgekühlten Masse (oder aber alles) in die Eismaschine geben. Dabei darauf achten, dass auch Erdnüsse dabei sind. Jeweils die Hälfte von Himbeeren und Rosmarin (oder aber alles) dazugeben und alles je nach Maschine 40–60 Minuten gefrieren lassen.

- Das fertige Eis in eine Frischhaltebox umfüllen und bis zum Verzehr im Tiefkühlfach aufbewahren.

MEIN TIPP:

Sahne-Eis kann man wie oben beschrieben schnell und einfach herstellen, in unendlich vielen verschiedenen Geschmacksrichtungen. Eine elektrische Eismaschine mit Kühlmotor ist da ein fleißiger Helfer, die Geräte mit Kühlakkus sind weitaus weniger leistungsstark. In diesem Fall die Masse vorher stark herunterkühlen.

Wer keine Eismaschine hat, stellt die Masse ins Tiefkühlfach und rührt sie alle 30 Minuten durch, bis sie fest zu werden beginnt.

Fruchteis lässt sich mit einem kleinen Trick schnell und fast „à la minute" mit einer Küchenmaschine oder einem leistungsstarken Standmixer wie folgt herstellen: 250 g tiefgekühlte Himbeeren, 2 EL Honig, 50 ml Orangensaft, ½ TL gehackten Rosmarin, 2 EL Erdnussbutter und nach Belieben (nur für Erwachsene!) ein wenig Likörchen nach Wahl kurz und knackig durchmixen.

CHOCOLATE

— Tarte —

Für vier Männer:

Für den Boden:

- 200 g Keksreste oder Knäckebrot
- 75 g flüssige Butter
- 100 g Himbeerkonfitüre
- 200 g Erdnussbutter crunchy
- 1 EL Rum
- 100 g Puderzucker

Für den Belag:

- 250 g Zartbitterschokolade (70 %)
- 1 EL Butter
- 100 g Crème fraîche
- 200 g Sahne
- 1 EL Honig
- 3 EL Amaretto
- Salz

Für die Dekoration:

- Haselnüsse, gehackt
- frische Beeren nach Wahl

Außerdem:

- Springform (Ø 26 cm)

ZUBEREITUNGSZEIT: **30 Minuten (+ 1 Stunde Kühlzeit)**

- Keksreste oder Knäckebrot zerbröseln, mit der flüssigen Butter mischen und auf dem Boden einer Springform gleichmäßig verteilen, dabei die Brösel leicht andrücken. Den Bröselboden mit Konfitüre bestreichen und bis zur weiteren Verwendung im Tiefkühlfach kalt stellen.

- In der Zwischenzeit die Erdnussbutter mit Rum und Puderzucker leicht erwärmen, mit den Quirlen des Handrührgeräts oder einem Schneebesen glattrühren, auf dem Keksboden verteilen und das Ganze wieder kalt stellen.

- Für den Belag die Zartbitterschokolade hacken, dann mit Butter und Crème fraîche in einer Metallschüssel über einem heißen Wasserbad schmelzen und beiseite stellen. Sahne mit Honig, Amaretto und 1 Prise Salz in einem kleinen Topf erhitzen, dann unter die Schokoladenmasse rühren.

- Die Masse in der Form auf den Keksboden gießen und die Tarte ca. 1 Stunde im Kühlschrank kalt stellen.

- Die Tarte aus der Form lösen, mit gehackten Haselnüssen bestreuen und mit gewaschenen und getrockneten frischen Beeren verziert servieren.

MEIN TIPP:

Für dieses Rezept sind die Nährwert- und Kalorienangaben leider nicht ermittelbar, aber Vorsicht: starke Suchtgefahr nach mehr ...

Wer es doch etwas schlanker mag, kann die Erdnussbutter auch weglassen und die Sahne durch fettarmen Frischkäse ersetzen.

Und wer nach Feiertagen Keks- und/oder Schokoreste übrig hat, kann auch die einfach in einer solchen Tarte verarbeiten.

QUARKKUCHEN

MIT KEKSBODEN

Für vier Männer:

Für den Boden:
- 200 g Butterkekse
- 100 g flüssige Butter

Für den Belag:
- 1 Vanilleschote
- 750 g Speisequark
- 200 g Zucker
- Abrieb von 2 Bio-Zitronen
- 50 ml Apfelsaft
- 5 Blatt Gelatine
- 200 g Sahne
- 2 EL gehackte Pistazien

Außerdem:
- Springform (Ø 28 cm)

ZUBEREITUNGSZEIT: 25 Minuten (+ 10 Minuten Backzeit + ca. 3 Stunden Kühlzeit)

- Den Boden der Springform mit Backpapier stramm auslegen und den überstehenden Backpapierrand seitlich nach unten streichen. Den Formrand umlegen und so verschließen, dass das Backpapier zwischen Rand und Boden stramm eingeklemmt ist. Den Backofen auf 160 °C Umluft (180 °C Ober- und Unterhitze/Gas Stufe 2–3) erhitzen.
- Die Butterkekse in einen Gefrierbeutel geben und mit einem Nudelholz grob plattwalzen. Keksbrösel und flüssige Butter in einer Schüssel vermengen, dann in der Springform verteilen und andrücken. Das Ganze im heißen Ofen ca. 10 Minuten backen, dann herausnehmen und in der Form auskühlen lassen.
- In der Zwischenzeit die Vanilleschote längs einritzen und das Mark herauskratzen. Vanillemark mit Speisequark, Zucker und Zitronenabrieb in einer Schüssel mit den Quirlen des Handrührgeräts oder einem Schneebesen gut vermengen.
- Den Apfelsaft in einen Topf geben und die Gelatine darin einweichen. Wenn sie weich ist, das Ganze leicht erwärmen, bis alles flüssig ist, dann unter die Quarkmasse rühren. Die Sahne mit den Quirlen des Handrührgeräts steif schlagen und vorsichtig unterheben.
- Die Quarkmasse in die Springform gießen und im Kühlschrank ca. 3 Stunden auskühlen lassen, bis sie fest ist.
- Den Kuchen in Tortenstücke schneiden und mit gehackten Pistazien bestreut servieren.

MEIN TIPP:

Sie können die Quarkmasse auch mit Aromen abwandeln oder den Kuchen zum Beispiel in mit Papierförmchen ausgekleideten Muffinformen zubereiten und mit frischen Früchten belegen. Für den Kindergeburtstag zum Schluss noch etwas bunte Götterspeise darübergeben und auskühlen lassen.

CRÈME BRÛLÉE

in der Orange

Für vier Männer:

Für die Crème:

- 1 Vanilleschote
- 100 ml Milch
- 200 g Sahne
- 3 Eigelbe
- 100 g Zucker
- 100 g Crème fraîche
- 2 große Bio-Orangen
- 1 EL Likörchen (z. B. Eierlikör)
- 2–3 EL brauner Zucker zum Bestreuen und Karamellisieren

Außerdem:

- Muffinblech
- Flambierbrenner

ZUBEREITUNGSZEIT: **15 Minuten (+ 1 Stunde Garzeit)**

- Die Vanilleschote längs einritzen und das Mark herauskratzen. Milch, Sahne, Vanillemark und -schote verrühren. Den Backofen auf 80 °C Umluft (100 °C Ober- und Unterhitze/Gas nicht empfehlenswert) vorheizen.
- Eigelbe und Zucker cremig rühren (nicht schlagen), Crème fraîche und Vanillesahne unterrühren.
- Die Orangen heiß abwaschen, trockenreiben, halbieren und vorsichtig auspressen, ohne dass die Schale bricht. Das Innere mit einem kleinen Löffel gut auskratzen.
- Die Hälfte des Safts (Rest anderweitig verwenden) zur Eiermasse geben und unterrühren. Das Ganze mit ein wenig Likörchen abschmecken. Die Vanilleschote entfernen.
- Die Orangenhälften in die Mulden eines Muffinblechs setzen (vorher ein wenig Wasser in die vier Mulden geben). Eiermasse vorsichtig in die Orangenhälften gießen und im heißen Ofen ca. 1 Stunde garen, bis die Masse vollständig gestockt ist.
- Die Crème brûlée aus dem Ofen nehmen und im Kühlschrank etwas auskühlen lassen.
- Vor dem Servieren die Crème mit braunem Zucker gut bestreuen und mit einem Flambierbrenner langsam abflämmen, bis der Zucker braun karamellisiert.

MEIN TIPP:

Wer die Crème brûlée schneller braucht, erwärmt die Milch vorher ein wenig und rührt ¼ Teelöffel Speisestärke in die kalte Milch.

Crème brûlée schmeckt am besten, wenn sie noch leicht warm ist.

AMARETTO

— SOUFFLÉ —

Für vier bis sechs Männer:

Für das Soufflé:

- flüssige Butter zum Einfetten
- Zucker für die Förmchen + 3 EL für den Teig
- 100 g Amarettini-Kekse
- 2 EL gemahlene Mandeln
- 4 EL Amaretto
- Abrieb von 1 Bio-Orange
- 1 Vanilleschote
- 4 Eier
- 100 g Sahne
- Salz
- Puderzucker zum Bestreuen

Außerdem:

- 4–6 Soufflé-Förmchen

ZUBEREITUNGSZEIT: 15 Minuten (+ 20 Minuten Backzeit)

- Den Backofen auf 200 °C Ober- und Unterhitze (Gas Stufe 3–4/Umluft nicht empfehlenswert) vorheizen. Ein tiefes Backblech mit zwei Fingerbreit Wasser füllen. Förmchen mit flüssiger Butter einfetten und mit Zucker ausstreuen. Überschüssigen Zucker wieder herausrieseln lassen.

- Die Amarettini-Kekse in einen Frischhaltebeutel geben und mit einem Nudelholz plattwalzen, zusammen mit den Mandeln im Amaretto tränken und Orangenabrieb hinzugeben.

- Die Vanilleschote längs einritzen und das Mark herauskratzen. Das Mark zur Mandelmasse geben. Die Eier trennen. Sahne und Eigelbe gut verrühren und unter die Masse mischen.

- Eiweiße, Zucker und 1 Prise Salz mit den Quirlen des Handrührgeräts kräftig aufschlagen, bis die Masse steif ist und nicht mehr aus der Schüssel fällt, wenn man sie umdreht. Den Eischnee vorsichtig unter den Teig heben.

- Die Masse zwei Drittel hoch in die Förmchen füllen, da der Teig beim Backen noch aufgeht. Die Förmchen auf dem wassergefüllten Backblech verteilen und die Soufflés im heißen Ofen ca. 20 Minuten auf unterster Schiene backen, bis sie schön aufgegangen sind. Achtung: Die Backofentür während des Backens nicht öffnen, sonst können die Soufflés zusammenfallen!

- Die fertigen Amaretto-Soufflés herausnehmen und mit etwas Puderzucker bestreut sofort servieren.

MEIN TIPP:

Soufflés können auch herzhaft, zum Beispiel mit Parmesan oder Kartoffeln, zubereitet werden – ideal als Vorspeise!

Damit das Soufflé gelingt, ist die Grundmasse wichtig. Der Eischnee muss richtig steif geschlagen sein und vorsichtig unter die Masse gehoben werden. Die Masse sollte idealerweise leicht luftig vom Löffel fallen.

QUARKBÄLLCHEN

IM ZIMTMANTEL

Für vier Männer:

Für die Quarkbällchen:

- 1 Vanilleschote
- 1 Bio-Zitrone
- 2 Eigelbe
- 100 g Zucker
- 200 g Speisequark
- ca. 150 g Semmelbrösel
- ¼ l Milch
- 3 EL Zucker
- 1 TL Zimt

Für die Fruchtsauce:

- 200 g Zucker
- ¼ l Johannisbeersaft
- 1 Zimtstange
- 1 EL Speisestärke
- 500 g tiefgekühlte Blaubeeren
- 4 Stängel Minze

ZUBEREITUNGSZEIT: 30 Minuten (+ 12–15 Minuten Garzeit + 30 Minuten Kühlzeit)

- Die Vanilleschote längs einritzen und das Mark auskratzen. Die Zitrone heiß abwaschen, kräftig trockenreiben und die Schale fein abreiben. Eigelbe und Zucker cremig schlagen, Quark, Zitronenabrieb und Vanillemark (Schote nicht wegwerfen!) hinzufügen und gut verrühren. Nach und nach so viele Semmelbrösel dazugeben, bis die Masse fest wird. Den Teig für 30 Minuten im Kühlschrank kalt stellen, damit die Brösel die Feuchtigkeit aufsaugen können.

- In der Zwischenzeit für die Sauce den Zucker in einem Topf bei mittlerer Hitze langsam schmelzen und karamellisieren. Erst dann die Masse mit einem Holzlöffel verrühren, wenn der Zucker komplett flüssig ist. Zwei Drittel des Johannisbeersafts, ausgekratzte Vanilleschote, Zimtstange und eine Scheibe der abgeriebenen Zitrone hinzugeben. Alles aufkochen, dabei erst dann wieder rühren, wenn sich der Karamell gelöst hat.

- Den restlichen Saft mit Speisestärke glattrühren, nach und nach in die Fruchtsauce geben, bis diese sehr gut abgebunden ist. Der Saft sollte nun etwas fester abgebunden sein, da die tiefgefrorenen Früchte später zusätzlichen Saft abgeben.

- Die Milch mit ½ Liter Wasser in einem breiten Topf erhitzen, aber nicht kochen. Aus der Quarkmasse 12 gleich große Bällchen formen. Die Bällchen mit dem Schaumlöffel in die heiße Milch gleiten und in der heißen Flüssigkeit 12–15 Minuten ziehen lassen, bis alle an der Oberfläche schwimmen.

- In der Zwischenzeit Zucker und Zimt gut vermengen und in eine flache Form geben. Die Fruchtsuppe erwärmen.

- Die Quarkbällchen mit dem Schaumlöffel herausheben und auf Küchenpapier abtropfen lassen. Noch warm durch die Zucker-Zimt-Mischung rollen. Gefrorene Blaubeeren zur Fruchtsuppe geben. Die Minze waschen und trockenschütteln.

- Die Fruchtsuppe auf tiefe Teller verteilen, jeweils drei Quarkbällchen hineingeben und das Ganze mit je einem Minzestängel garniert servieren.

– LASAGNE –

von Waldfrüchten

Für vier Männer:

Für die Lasagne:

- -200 ml Kirschsaft
- -1 TL Speisestärke
- -1 EL Zucker
- -500 g tiefgekühlte gemischte Beeren
- -50 g weiße Kuvertüre
- -1 Espresso
- -2 EL Amaretto
- -2 Blatt Gelatine
- -2 EL Zucker
- -200 g Mascarpone
- -12 Löffelbiskuits
- -1 Tasse Kaffee zum Tränken

ZUBEREITUNGSZEIT: **25 Minuten (+ ca. 3 Stunden Kühlzeit)**

- Kirschsaft, Speisestärke und Zucker in einem Topf verrühren und langsam erhitzen, bis der Saft gebunden ist. Früchte kurz einrühren und das Ganze in eine flache Auflaufform geben.

- Die Kuvertüre hacken und in einer Metallschüssel über dem heißen Wasserbad schmelzen. Espresso, Amaretto und Gelatine in einen Topf geben. Wenn die Gelatine weich ist, den Zucker hinzugeben und alles langsam erwärmen, bis Gelatine und Zucker aufgelöst sind. Mascarpone mit flüssiger Kuvertüre und Espressosud gut verrühren.

- Die Löffelbiskuits kurz im Kaffee tränken und auf den Früchten gleichmäßig verteilen. Die Mascarponemasse darauf verstreichen und das Ganze im Kühlschrank bis zum Servieren ca. 3 Stunden kalt stellen.

MEIN TIPP:

Anstatt eine Dessertcreme mit Eiern aufzuschlagen, können Sie auch diese eierfreie Creme als Grundbasis verwenden. Eventuell etwas mehr Kuvertüre und 2 Blatt Gelatine verwenden.

Ideal im Sommer: Anstelle der tiefgekühlten Früchte zum Beispiel einfach mit etwas Zucker marinierte frische Erdbeeren verwenden.

NUSSKUCHEN

Für vier Männer:

Für die Form:
- weiche Butter zum Einfetten
- 50 g gemahlene Haselnüsse

Für den Grundteig:
- 4 Eier
- Salz
- 250 g Butter
- 250 g Zucker
- 1 Päckchen Vanillezucker
- Salz
- 100 g gehackte Haselnüsse
- 100 g gemahlene Haselnüsse
- Abrieb und Saft von 1 Bio-Orange
- 6 EL Rum
- 250 g Mehl
- 1 Päckchen Backpulver
- Puderzucker zum Bestäuben

Außerdem:
- Kastenform (30 cm)

ZUBEREITUNGSZEIT: 15 Minuten (+ 50 Minuten Backzeit + ca. 1 Stunde Kühlzeit)

- Die Kastenform mit der weichen Butter einfetten und mit Haselnüssen ausstreuen. Überschüssige Haselnüsse herausrieseln lassen und die Form in den Kühlschrank stellen. Den Backofen auf 175 °C Umluft (200 °C Ober- und Unterhitze/Gas Stufe 3–4) vorheizen.
- Für den Grundteig die Eier trennen. Eiweiße und 1 Prise Salz mit den Quirlen des Handrührgeräts zu steifem Schnee schlagen. Butter, Zucker, Vanillezucker und 1 Prise Salz cremig rühren. Nach und nach die Eigelbe hinzugeben, danach gehackte und gemahlene Nüsse, Orangenabrieb und -saft sowie den Rum einrühren.
- Das Mehl mit dem Backpulver sieben und nach und nach einrühren. Zum Schluss den Eischnee vorsichtig unterheben. Den Teig in der Kastenform verteilen und im heißen Ofen 50 Minuten backen.
- Den Kuchen aus dem Ofen nehmen, ca. 30 Minuten auskühlen lassen, dann aus der Form stürzen und vollständig auskühlen lassen.
- Den Nusskuchen mit Puderzucker bestreut servieren.

MEIN TIPP:

Ein Grundrezept = 100 mögliche Varianten. Das Rezept ist in alle Geschmacksrichtungen variabel. Der Kuchen kann zum Beispiel mit flüssiger Kuvertüre oder Puderzucker-Zitronen-Glasur begossen werden.
Oder Sie halbieren den Kuchen in der Mitte und füllen ihn mit einer Schicht Creme oder Konfitüre. Vielleicht wandeln Sie aber auch den Teig ab, zum Beispiel mit flüssiger Zartbitterschokolade und erhalten so einen saftigen Schokokuchen.

GEBRANNTES VANILLEEIS

mit Honigkuchen

Für vier bis sechs Männer:

Für den Honigkuchen:
-150 g brauner Zucker
-1 Glas Honig (275 g)
-150 g Butter
-3 EL Milch
-Abrieb von 2 Bio-Orangen
-Abrieb von 2 Bio-Zitronen
-¼ TL Ingwerpulver
-Butter zum Einfetten
-500 g Mehl
-100 g gemahlene Mandeln, geröstet
-1 Päckchen Pottasche (15 g)
-½ TL Salz
-1 TL Lebkuchengewürz
-2 Eier
-gehackte Pistazien und Früchte zum Dekorieren

Für das Eis:
-4 TL Orangenlikör (z. B. Grand Marnier oder Cointreau) oder Rum
-1 Paket Vanilleeis (à 750 ml)

Außerdem:
-Kastenform (30 cm)

ZUBEREITUNGSZEIT: 15 Minuten (+ ca. 1 Stunde Backzeit + ca. 1 Stunde Kühlzeit)

- Für den Kuchen Zucker, Honig und Butter in einem Topf erwärmen. Wenn der Zucker vollständig aufgelöst ist, Milch unterrühren und den Topf vom Herd nehmen. Orangen- und Zitronenabrieb sowie Ingwerpulver untermischen.

- Den Backofen auf 170 °C Ober- und Unterhitze (150 °C Umluft/Gas Stufe 2) vorheizen. Die Kastenform mit Butter einfetten.

- Mehl und Mandeln gut vermengen, dies funktioniert am besten in einer Küchenmaschine. Pottasche, Salz und Lebkuchengewürz in die Honig-Milch einrühren, dann alles mit der Mehlmischung verkneten. Nacheinander die Eier unterrühren.

- Den Teig in die Kastenform geben und im heißen Ofen 45 Minuten backen, dann mit Alufolie abdecken und weitere 15–20 Minuten fertig backen. Aus dem Ofen nehmen, ca. 15 Minuten ruhen lassen, dann aus der Form stürzen und auskühlen lassen.

- Den Orangenlikör ganz leicht erwärmen. Den Honigkuchen in Scheiben geschnitten auf einem Teller anrichten und mit gehackten Pistazien und Früchten garnieren. Je 1 Kugel Eis in eine kleine feuerfeste Form geben und dazustellen. Am Tisch den warmen Alkohol über das Eis gießen und entzünden.

MEIN TIPP:

Pottasche ist ein Triebmittel, das seit Jahrhunderten hauptsächlich in der Weihnachtsbäckerei für Lebkuchen, Weihnachtsplätzchen oder wie hier für den Honigkuchen eingesetzt wird. Der Teig geht nicht wie bei Hefe oder Backpulver in die Höhe auf, sondern eher in die Breite und wird sehr luftig. Pottasche ist geruchs- und geschmacksneutral.

— *Vita & Dank* —

WARUM ICH KOCH GEWORDEN BIN?

Weil mein Lieblingsgericht als kleiner Steppke Frikadellen mit Blumenkohl, Kartoffeln und weißer Sauce war und ich immer wissen wollte, wie diese verdammt leckere Sauce gemacht wird!

Meine Ausbildung absolvierte ich bei der Deutschen Shell, wo ich in der Vorstandsküche von meinem Ausbilder viel lernen konnte – lieber Dieter, vielen Dank noch mal dafür.

Danach ging ich in die französische Sterne-Gastronomie ins Relais de France unter der Leitung von Michel George. Dort wurde alles zelebriert, was zum Michelin-Stern dazugehört. Auf der Jagd nach neuen kulinarischen Erlebnissen trieb es mich nach Italien, um Pasta, Mediterranes und ein bisschen Lebenskultur zu inhalieren. In Südafrika lernte ich den Umgang mit Straußenfleisch, fand heraus, wie scharf ein Curry sein kann, und sah, wie schön der Blick vom Tafelberg ist. Danach folgte schon die Selbstständigkeit mit einem Lunch-Bistro auf dem Gelände der DESY in Hamburg, später dann die Clubgastronomie in einem der besten Golf-Clubs Deutschlands – in St. Dionys, wo ich auch die ersten Kochkurse leitete. Danach wurde ich zum Kreativkopf im renommierten Restaurant „Brick" auf dem alten Gaswerkgelände in Hamburg-Bahrenfeld. Dort kochten wir anspruchsvolle World-Kitchen mit kulinarischen Genüssen Europas, Asiens, der Karibik, Australiens und Süd-afrikas. Frische Kräuter, landestypische Gewürze und außergewöhnliche Zutaten gaben hier den Gerichten ihre einzigartige Note.

Im Anschluss gründete ich die Kochschule Hamburg – die Location zum Kochen! Gemeinsam zu kochen und dabei hilfreiche Tipps und Tricks zu verraten, war die Idee.

Mit Glühwein und Keksen saßen wir im Rohbau und überlegten, wie dies in die Tat umzusetzen sei. Mittlerweile ist aus der kleinen Idee das privat erfolgreichste Kochschulnetzwerk mit Kochschulen in vielen Städten gewachsen.

Seit 1999 gebe ich nun schon Kochkurse und freue mich immer wieder über die netten Menschen und die gemeinsame Zeit, um das Kochen auszuprobieren, es neu zu gestalten und zu vertiefen. Ich bedanke mich daher bei allen Teilnehmern aus meinen Kochkursen und freue mich auf viele weitere und heitere Kurse mit Ihnen, dazu heiße ich Sie mit meinem Team jederzeit herzlich willkommen.

Ein besonderer Dank geht auch an mein Team, welches mich teils schon viele Jahre begleitet, mir den Rücken freihält und ein großes Stück zum Erfolg der Kochschulen beiträgt.

REGISTER

— VON A BIS Z —

Amaretto-Soufflé 165
Barolo-Braten 66
Basic-Dips 22f.
BBQ-Marinade 100
BBQ-Salsa, Steak-Wraps mit 53
Béchamelsauce 21
Biersauce, Krustenbraten mit 80
Blutwurst-Ravioli, Gebackene 30
Bœuf Bourguignon 71
Bohnen-Chili mit Süßkartoffeln 138
Bolognese „Tomasio“ 72
Bouillabaisse à la chef 108
Bouillon „Entchen Klein“ 49
Braten, Barolo- 66
Bratkartoffeln 149
Braune Fleischsauce 20
Brotsalat mit roten Zwiebeln 46
Brühe ansetzen 18
Büffelmozzarella, Wassermelone mit 43
Burger mit Joghurt-Mayo, Falafel- 136
Burger, Veggie- 139
Buttermilch-Senf-Marinade 101
Cannelloni mit Spinat-Ricotta-Füllung 134
Carpaccio geflämmt, Rinder- 34
Chicken-Curry, Thai-Roasted 90
Chili mit Süßkartoffeln, Bohnen- 138
Chili-Honig-Marinade 100
Chocolate-Tarte 158
Chorizo, Mediterrane Linsensuppe mit 48
Club-Sandwich mit Hähnchen 57
Coq au vin 89
Crème brûlée in der Orange 162
Cremesuppe, Kartoffel- 50
Curry, Thai Roasted Chicken- 90
Dips, Basic- 22f.
Einfache Marinade 100
Einkauf 10
Eis, Erdnuss-Himbeer- 157
Ente mit Maronen-Orangen-Apfel-Füllung 92
Entenbrust in Roiboos-Tee geräuchert 95
Erdnuss-Himbeer-Eis 157
Falafel-Burger mit Joghurt-Mayo 136
Fenchelsalat mit Grapefruit 44
Filetstreifen mit Pflaumensauce und Asianudeln 83
Fischfilets in Pata Negra 126
Fischfond 19
Fischterrine mit Basilikum 124
Fish and Chips mit Chili-Mayonnaise 120
Fleischsauce, braune 20
Focaccia 56
Frischemerkmale 11
Frittata, Nudel- 144
Frühlingsrollen 33
Garmethoden 14ff.
Garnelen ab 18 116
Gebackene Blutwurst-Ravioli 30
Gebeizter Orangen-Lachs mit Rösti 109
Gebranntes Vanilleeis mit Honigkuchen 171
Gefüllter Tintenfisch 113
Gemüsebrühe 18
Gemüse-Lasagne 143
Gnocchi 153
Gurkentatar, Jakobsmuscheln auf 28
Hackbällchen im Glas 52
Herzhafte Ricotta-Nocken 146
Honigkuchen, Gebranntes Vanilleeis mit 171
Hummer-Ravioli, offene 114
Jakobsmuscheln auf Gurkentatar 28
Kabeljau mit Ciabatta-Chorizo-Crunch 118
Kalbfleischröllchen in Steinpilzsauce 75
Kartoffel-Cremesuppe 50
Kartoffelgratin 148
Kartoffelklöße 152
Kartoffelpüree 153
Keksboden, Quarkkuchen mit 161
Ketchup 23
Kräuterhaube, Lammkrone mit 84
Krustenbraten mit Biersauce 80
Küchenutensilien 8
Kürbis-Risotto aus dem Ofen 133
Lachs mit Rösti, Gebeizter Orangen- 109
Lachsforelle im Aromabeutel 117
Lachskotelett provençal 127
Lagerung von Produkten 12
Lammhaxen „rush to serve“ 88
Lammkoteletts mit Aprikose und Kürbis, Orientalische 86

Lammkrone mit Kräuterhaube 84
Lasagne von Waldfrüchten 168
Lasagne, Gemüse- 143
Lauch-Quiche mit Mandarine 26
Linsensuppe mit Chorizo, Mediterrane 48
Marinade, BBQ- 100
Marinade, Buttermilch-Senf- 101
Marinade, Chili-Honig- 100
Marinade, einfache 100
Marinade, Schwarzbier- 100
Marinade, Whisky-Soja- 101
Marinade, Zitronengras- 101
Marinaden 100f.
Matjes auf gebratenem Apfel 37
Mayonnaise 22
Mediterrane Linsensuppe mit Chorizo 48
Miss Rinderfilet mit Pfeffersauce 60
Mr. Rumpsteak mit Paprikakraut 62
Muscheln à la Pedro 110
Nocken, herzhafte Ricotta- 146
Nudel-Frittata 144
Nusskuchen 170
Offene Hummer-Ravioli 114
Oktopussalat mit Zitrone 38
Omelett spanische Art 27
Orientalische Lammkoteletts mit Aprikose und Kürbis 86
Ossobuco schnell 68
Paprikakraut, Mr. Rumpsteak mit 62
Pfeffersauce, Miss Rinderfilet mit 60
Piratenwurst vom Kap der guten Hoffnung 104
Pizza (Grundrezept) 130
Prinzessinnenwurst 104
Quarkbällchen im Zimtmantel 166
Quarkkuchen mit Keksboden 161
Räuberwurst 104
Ravioli rossi 140
Ravioli, gebackene Blutwurst- 30
Ravioli, offene Hummer- 114
Rehrücken im Kräuter-Crêpe-Mantel 96
Reicher Lord 156
Remoulade 22
Richtiges Tischdecken 15
Ricotta-Nocken, herzhafte 146
Rinderbrühe 18
Rinder-Carpaccio geflämmt 34
Rinderfilet mit Pfeffersauce, Miss 60
Risotto aus dem Ofen, Kürbis- 133
Roastbeef mit Senfkruste 64
Römer-Radicchio-Salat mit Crunch 42
Rösti 152
Rösti, Gebeizter Orangen-Lachs mit 109
Röstkartoffeln 149
Rumpsteak mit Paprikakraut, Mr. 62
Salat, Fenchel- mit Grapefruit 44
Sandwich, Club- mit Hähnchen 57
Saucen 20f.
Scaloppine al limone 78
Schnitzel einfach gut 76
Schwarzbier-Marinade 100
Schweinefilet mit Gazpacho-Gemüse 79
Senfkruste, Roastbeef mit 64
Shake-it-Vinaigrette 21
Singlewurst 104
Soufflé, Amaretto- 165
Steak-Wraps mit BBQ-Salsa 53
Steinpilzsauce, Kalbfleischröllchen in 75
Straßengulasch südafrikanische Art 99
Tarte, Chocolate- 158
T-Bone-Steaks rückwärts gegart 69
Thai-Roasted Chicken-Curry 90
Thunfisch mit Tomaten-Koriander-Salsa 123
Tintenfisch, gefüllter 113
Tischdecken, richtiges 15
Tomaten-Koriander-Salsa, Thunfisch mit 123
Vanilleeis mit Honigkuchen, gebranntes 171
Veggie-Burger 139
Vinaigrette, Shake-it- 21
Vorbereitung 11
Wassermelone mit Büffelmozzarella 43
Whisky-Soja-Marinade 101
Wraps mit BBQ-Salsa, Steak- 53
Wurst, Selbst gemachte 104 f.
Wurstsalat 40
Zimtmantel, Quarkbällchen im 166
Zitronengras-Marinade 101